十大科学蒙难

刘路沙　主编
张明国　编著

广西出版传媒集团 | 广西科学技术出版社

图书在版编目（CIP）数据

十大科学蒙难 / 张明国编著. —南宁：广西科学技术出版社，2012.8（2020.6重印）
（十大科学丛书）
ISBN 978-7-80619-387-7

Ⅰ. ①十… Ⅱ. ①张… Ⅲ. ①科学家—生平事迹—世界—青年读物②科学家—生平事迹—世界—少年读物 Ⅳ. ① K816.1-49

中国版本图书馆 CIP 数据核字（2012）第 190739 号

十大科学丛书
十大科学蒙难
刘路沙　主编
张明国　编著

责任编辑　池庆松　　**封面设计**　叁壹明道
责任校对　苏兰青　　**责任印制**　韦文印

出 版 人　卢培钊
出版发行　广西科学技术出版社
（南宁市东葛路 66 号　邮政编码 530023）
印　　刷　永清县晔盛亚胶印有限公司
（永清县工业区大良村西部　邮政编码 065600）
开　　本　700mm × 950mm　1/16
印　　张　11
字　　数　142千字
版次印次　2020年 6 月第 1 版第 6 次
书　　号　ISBN 978-7-80619-387-7
定　　价　21.80 元

青少年阅读文库

代序　致二十一世纪的主人

钱三强

21 世纪，对我们中华民族的前途命运，是个关键的历史时期。21 世纪的少年儿童，肩负着特殊的历史使命。为此，我们现在的成年人都应多为他们着想，为把他们造就成 21 世纪的优秀人才多尽一份心，多出一份力。人才成长，除了主观因素外，在客观上也需要各种物质的和精神的条件，其中，能否源源不断地为他们提供优质图书，对于少年儿童，在某种意义上说，是一个关键性条件。经验告诉人们，一本好书往往可以造就一个人，而一本坏书则可以毁掉一个人。我几乎天天盼着出版界利用社会主义的出版阵地，为我们 21 世纪的主人多出好书。广西科学技术出版社在这方面做出了令人欣喜的贡献。他们特邀我国科普创作界的一批著名科普作家，编辑出版了大型系列化自然科学普及读物——《青少年阅读文库》（以下简称《文库》）。《文库》分“科学知识”“科技发展史”和“科学文艺”三大类，约计 100 种。《文库》除反映基础学科的知识外，还深入浅出地全面介绍当今世界的科学技术成就，充分体现了 20 世纪 90 年代科技发展的水平。现在科普读物已有不少，而《文库》这批读物的特有魅力，主要表现在观点新、题材新、角度新和手法新，内容丰富、覆盖面广、插图精美、形式活泼、语言流畅、通俗易懂，富于科学性、可读性、趣味性。因此，说《文库》是开启科技知识宝库的钥匙，缔造21世纪人才的摇篮，并不夸张。《文库》将成为中国少年朋友增长知识，发展智慧，促进成才的亲密朋友。

亲爱的少年朋友们，当你们走上工作岗位的时候，呈现在你们面前的将是一个繁花似锦的、具有高度文明的时代，也是科学技术高度发达的崭新时代。现代科学技术发展速度之快、规模之大、对人类社会的生产和生活产生影响之深，都是过去无法比拟的。我们的少年朋友，要想胜任驾驭时代航船，就必须从现在起努力学习科学，增长知识，扩大眼界，认识社会和自然发展的客观规律，为建设有中国特色的社会主义而艰苦奋斗。

我真诚地相信，在这方面，《文库》将会对你们提供十分有益的帮助，同时我衷心地希望，你们一定为当好21世纪的主人，知难而进，锲而不舍，从书本、从实践吸取现代科学知识的营养，使自己的视野更开阔，思想更活跃，思路更敏捷，更加聪明能干，将来成长为杰出的人才和科学巨匠，为中华民族的科学技术实现划时代的崛起，为中国迈人世界科技先进强国之林而奋斗。

亲爱的少年朋友，祝愿你们奔向未来的航程充满闪光的成功之标。

编者的话

对于大多数少年朋友来说，科学是一门了不起的学问，科学家更是一个令人尊敬和赞誉的称号。千百年来，科学家们用自己的聪明智慧和奉献精神，使人类摆脱了愚昧和贫穷，获得了文明与幸福。可以说，在人类文明发展的过程中，科学家所起到的伟大作用，是任何人都不可低估的。过去如此，现在乃至将来也应同样如此。

正因为这样，许多少年朋友都想在长大以后能够成为一名科学家，用自己的才智去解开自然之谜，去为人民谋幸福，以实现自己的人生价值。

然而，理想未必能成为现实，在理想和实现理想中间，必须要经历一个努力奋斗的过程；科学家并非是任何人想当就一定能够当成的，在想当科学家和成为科学家中间，也必须要经历一个努力奋斗的过程。这是因为，“在科学上没有平坦的大道，只有不畏劳苦沿着陡峭山路攀登的人，才有希望达到光辉的顶点”（马克思语）。科学研究既是科学家探索与改造自然和人类社会的艰难过程，也是科学家与宗教、神学及其他封建迷信思想的统治者和支持者进行斗争的艰苦过程。

科学家要研究自然和人类社会存在与发展的规律，并用它造福于人类。他们常常为考察各种自然现象，“敢上九天揽月，敢下五洋捉鳖”，而不惜献出自己的生命；他们往往为研究科学问题而废寝忘食，呕心沥血；为探索科学真理而百折不挠，前赴后继，直到“春蚕到死”“蜡烛成灰”。

不仅如此，科学家还要用自己的科学理论去批驳那些歪曲科学、愚弄百姓的宗教、神学以及封建迷信思想，维护真理，发展科学。因此，他们经常遭受到上述反动理论支持者的讽刺、诬陷、攻击，甚至被迫害至死。我们把这些称为科学蒙难。在科学史上，这种科学蒙难的程度往往要远远超过科学家在探索自然过程中所遭受到的困难与灾难。

本书向少年朋友们介绍了扁鹊、华佗、希帕蒂娅、哥白尼、布鲁诺、伽利略、维萨里、塞尔维特、居里夫人、玛格丽特·桑格等10位中外科学家的蒙难史，并且，还附录了“科学蒙难大事记”，简明地介绍了其他科学家的蒙难情况。在10位遭受蒙难的中外科学家中间，有的遭到封建迷信思想的支持者以及封建统治者的攻击与残害，有的受到封建保守势力的诬陷与迫害，更多的则是被封建宗教神学裁判所残酷地杀害。在他们当中，虽然各自蒙难的经历不同，但是，他们都始终不移地信仰科学、坚持真理，坚定不移地反对宗教神学及封建迷信，甚至不惜牺牲自己的生命。

科学家的蒙难告诉少年朋友们，不仅要有想当科学家的理想，而且还要有为实现该理想而刻苦学习、努力奋斗，维护真、善、美，反对假、丑、恶的信心、决心和实际行动。要以科学家为榜样，为科学的发展和人类的幸福而奋斗终生。少年朋友们如果能理解并做到这些，也就满足或达到了我们编写此书的希望或目的。

另外，本书中所介绍的科学家大都出生和生活在贫寒的家庭和黑暗、动荡的社会里，而现在大多数少年朋友却出生和生活在幸福、和平的家庭社会中。因此，从这个意义上说，少年朋友与本书中科学家的童年有很大差异。然而，并不能因此断言，少年朋友今后一生中的生活、工作都是如意、幸福的，仍然既会有成功的喜悦，也会有失败的痛苦。

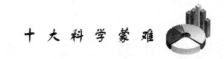

也正因为如此，少年朋友们更需要从科学家的蒙难、奋斗史中，获得分辨是非的能力、经验和拼搏、进取的动力，以便为自己未来的生活与工作奠定和树立良好的思想基础和行动榜样，增强自己克服和战胜困难，攀登科学高峰的信心和能力，使自己早日成才，成为一个有利于人民的人，一个富民强国的栋梁之才。

今天，我们的祖国和人民虽然获得了发展和幸福，但是，仍然有许多重大难题需要用科学来解决，仍然有各种封建迷信思想和神学“病毒”在侵蚀人民的思想“躯体”，需要用科学来澄清真伪，辨别美丑和善恶，仍然有许多少年朋友因贫困而失学，失去家庭的温暖和成长的良机。这些问题和任务正等待着少年朋友去解决、去完成。

希望少年朋友们从老一辈科学家的奋斗史中学会做人，学会生存、工作和创造，学会自立、自励、自尊、自强，好好学习，天天向上，从今天的雏鹰，成长为未来健壮、成熟的搏击长空的一代雄鹰！

编　者

目　录

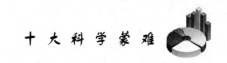

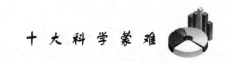

被嫉恨而遭杀害的医学祖师——扁鹊

如果哪位医生的医术高超，医德高尚，能为人民医治疑难病症，解除痛苦，那么，人们就会夸赞他是“在世的扁鹊”“当代的华佗”。扁鹊是我国古代春秋战国时期著名的医学家（华佗也是我国古代的一位著名医学家，在下文将要谈到他）。他一生为百姓治病，并且勇敢地同封建巫术庸医进行斗争，深得百姓的尊敬与爱戴，他也因此被那些骗钱害人的巫医们所嫉恨，最后被他们阴谋杀害了。科学的发展不仅要有勤奋刻苦的学习精神，更要有敢于坚持科学真理，勇于同封建迷信思想顽强地进行斗争，甚至为此而不惜牺牲自己生命的献身精神。读完下面关于扁鹊的事迹以后，少年朋友们会深深地体会到这一点。

治病救人　拜师苦学医

真正的扁鹊指的是古代传说中黄帝时代的一位医术高超、医德高尚的名医。而我们在这里所说的扁鹊则是指距今 2400 多年前，也就是我国春秋战国时代一位名叫秦越人的著名医学家。那么，人们为什么把他叫做“扁鹊”而不直接称呼他的姓名呢？那是因为，秦越人一生

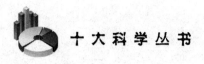

刻苦钻研医学技术，认真学习、继承和发展前人的医学理论和治病经验，用自己高超的医术，先后治好了许多生命垂危的病人，给他们解除了痛苦，使他们重新获得了幸福。更主要的还因为秦越人具有甘为天下百姓服务的高尚医德和敢于同当时巫术展开斗争，坚决维护医学技术的牺牲精神。所以，当时的人们以至后人也就称秦越人为“扁鹊”先生，并且一直沿用到今天，秦越人的真实姓名反而不为人们所知。这也是我们现在人常常不知不觉地把那些医术高超且医德高尚的医生比喻为“扁鹊”的缘故。

扁鹊原籍不确定，有人说他是渤海郡的鄚州人（今河北省任丘县），也有人说他是齐国卢氏人（今山东省长清县），因此，有人称扁鹊为“卢医”。

扁鹊出生于我国春秋战国时代。当时，我国奴隶社会逐步崩溃，封建社会开始形成。社会连年战乱，灾荒不断。劳动人民深受其苦，在战火与疾病中痛苦地挣扎着。那些巫医、庸医用神、鬼为百姓“治病”，从中骗取钱财，愚弄残害百姓，这就更加剧了那些不辨真伪而为治病乱投医的患者的痛苦。看到这番情景，少年时代的扁鹊就下决心学习医疗技术，为天下百姓治病，帮助他们解除痛苦，并且用自己的医学技术去揭穿那些江湖骗子的真实面目。为此，扁鹊认真学习医学理论，刻苦掌握医疗技术，为将来更好地治病救人打下坚实的基础。

到了青年时代，扁鹊通过学习，已经懂得并且掌握了医学技术的基本知识和基本技能。然而，他并不因此感到满足而停步不前。他要出访名医，拜师学艺，在医疗实践中提高自己的医学理论和医疗技术的水平。于是，扁鹊开始周游列国。

在周游列国的过程中，扁鹊曾经在齐国的一个客馆里担任“舍长”（即旅店管理员）。他一边管理客馆，一边向来客馆投宿的医生学习、请教。他还利用余暇时间四处搜集药方，积累医疗经验。他结识了一位被人们称为“长桑君”的名医。当时，这位名医已经是一位白发苍苍的老人了。虽然年纪大了，但他仍然几十年如一日，身背藏青色药囊，乘坐一辆破旧牛车，行遍当时齐国、鲁国、卫国、燕国、晋国等地，为当地的庶民百姓治病扶伤。他经常在扁鹊管理的旅店里住宿。两个人一见如故，经常在一起交流医术理论与医疗经验。就这样，日复一日，年复一年，不知不觉度过了十多个春夏秋冬。共同的理想与追求，使得他们彼此了解，加深了友谊。长桑君深深地喜爱这位叫扁鹊的能吃苦耐劳、心地善良、品学兼优的青年。他想把自己的医术传授给他，让他继承发展，发扬光大。扁鹊也很敬仰长桑君这位甘为百姓幸福健康而不辞劳苦，乐于奉献自己一切的长辈名医，更希望向他学习医术，提高自己的医疗水平，更好地为百姓治病。于是，扁鹊情不自禁地跪倒向长桑君请求道：“先生，我想拜您为师，学习医术，终生为天下百姓治病!”长桑君听罢，很高兴，但又转而试问道：“你在这里工作不是很好吗？何必学医呢?”扁鹊激动地回答道：“先生，您也许比我更知道，在这烽火弥漫、战乱不已、巫术横行、医术受挫的社会里，有多少善良的人挣扎在疾病痛苦之中啊！他们多么希望有真正懂得医术的良医，能帮助他们排忧解难，治病扶伤啊！他们多么希望有更多的良医站出来，能够勇敢地同那些骗人的巫医进行斗争，除恶扬善，以避免他们遭受更多地蒙骗和迫害啊！我要像先生那样，用真正的医术为人治病，解除百姓的痛苦!”长桑君听罢非常激动，但又语重心长地说：“世上既有好人，也有坏人。江湖上那些用迷信鬼神来愚弄、欺骗人们的巫医们，他们横行霸道，不但欺弄百姓，而且对那些真正用医术治病的良医进行讽刺、谩骂、围攻、殴打甚至暗杀。因此，要当一名好的医生，不仅要有高超的医术，更要有高尚的品德，以及敢于同那些巫医骗子进行斗争，不怕牺牲，除恶扬善，为民造福

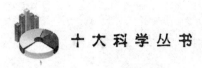

的献身精神。你放弃眼前这个良好的生活工作环境，甘愿抛家舍子，背井离乡，不辞风尘劳苦，准备为光大传统医术奉献自己，这当然很好，但要有充分的思想准备啊!”扁鹊听罢，神色庄重而严肃地向长桑君表示：“先生放心，既然想当一名好医生，就应该像先生所说的那样，一心一意为人民治病，不怕牺牲，敢于同坏人坏事做斗争！我要把先生的医术医德继承下来，并以我自己的奋斗和努力，把它发扬光大，一代一代地传承下去!”看着扁鹊慈善而严肃认真的面容，听着他那充满真诚的话语，长桑君终于被感动了，他决定收下扁鹊这个徒弟，把自己的医术和品格、精神全部传授给他。共同的理想和志向，终于把师徒二人紧密地联系在一起了。从上述师徒二人的对话中，少年朋友应该真正认识到如何对待老师，更应当认识到如何对待科学事业。科学事业是一项艰苦而伟大的事业，只有充分认识到它的真正含义和伟大意义，才能从中产生为之而努力奋斗的强大动力，也才能在以后的实践中排除万难，奋勇前进！扁鹊正是做到了这一点，才能成为一名著名的医学家。

对医学技术的追求，对劳动人民的热爱，使扁鹊产生了强大的动力。于是，扁鹊毅然辞掉了曾经给予他安定、幸福的工作，离开了曾给他温暖、幸福的家，跟随长桑君踏上了周游四方，为百姓解除痛苦，治疗疾病，除恶扬善，维护医术，反对巫术的充满坎坷艰辛的道路。

为了采集草药，扁鹊在崇山峻岭中攀登，在江河湖泊中跋涉。多少次，他冒着坠落陡壁悬崖的生命危险，去采摘他所需要的奇花异草；多少回，他在大山、森林里采药过程中，突遇野兽，险些丧命。为了人民的幸福，他早已把个人安危置之度外了。

为了发明新药，扁鹊起早贪黑，呕心沥血。多少次，他不顾被新药毒死的危险，忍受痛苦的折磨，以身试药；多少回，他不顾个人痛苦，首先在自己身上练习针灸，以提高医术水平。为了保证安全，准确、科学、有效地为百姓用药，他早已把个人生命忘在了脑后。

为了除恶扬善，维护祖国医学，扁鹊奔走宣传，勇战巫医。多少次，他忍受不被人理解甚至还遭误解、讽刺的心灵痛苦，到百姓中间，传播治病防病知识，帮助他们破除迷信，解放思想。多少回，他不顾个人安危以及江湖骗子庸医的围攻、迫害，大义凛然，力挫群巫，抨击封建迷信思想，维护医学技术。为了保护和发展医学事业，他甘愿献出了自己的青春和热血！

为了全面地为百姓治病，扁鹊博采各科医术之长。他既能治疗老年人的眼花耳聋病症，成为著名的五官科大夫；又能治疗儿童疾病，成为一名儿科专家；还能治疗妇科疾病，成为一名可以信赖的妇科医生。

无休止的治疗和日夜不停的研究，使得扁鹊消瘦了许多。但他却依然精神抖擞，精力充沛。辛勤的劳动，热情的服务，勇敢地斗争，使扁鹊成为一名集各科医术于一身的“多面圣手”，成为一名远近闻名、医术高超、医德高尚的医学家。这也就是人们称秦越人为“神医扁鹊”的理由。下面所要说的扁鹊在具体医疗实践中所表现出来的高超医术和高尚医德，则更能证明这一点。

精“望”善“切”　洞见五脏症结

如果有的小朋友得了病，爸爸妈妈便领着他去医院看病。医院里既有中医大夫又有西医大夫。“中医”是中国医术的简称，指的就是我国古代传统的医学技术，它和“西医”（指的是西方医学技术）用听诊器等医疗仪器诊断疾病，开方打针吃药有很大不同，它在诊断疾病的时候，不用仪器，而只用眼、耳、嘴和手诊断。就是说，中医大夫只用眼观察病人脸色，用耳听病人的呼吸声音以及内脏各器官的活动情况，用嘴和病人谈话，并从中了解病情，用手触摸病人主要发病的部分肌体，特别是用手触摸病人脉搏，以此了解病情。这就是“中医”学中所说的“望”、“问”、“闻”、“切”。就是用眼“望”病人脸色，嘴“问”病人病情，耳“闻”病人发声，手“摸”病人病体。中医只开中草药，而不开注射药。就是说，让中医治病，只吃药而不打针。中医正是用上面所说的奇特的看病治疗方法，千百年来为劳动人民治病。即使在科学技术高度发达的今天，我国传统医学依然发挥其巨大的作用，医治好许多令西方发达医术都望而生畏、无可奈何的疑难绝症，受到医学家们的高度重视，在世界医学界上仍然占据不可替代的地位。

少年朋友们知道吗？上面所说的“望”、“问”、“闻”、“切”的诊病治疗方法，是扁鹊首先应用的。是扁鹊长期认真学习，继承总结前人医疗经验，并经过刻苦钻研大胆实践创新的结果。他精于“望”诊，善于“切”脉，以此能够洞见五脏症结，准确科学地判断病人发病的具体地方和发病原因。然而，扁鹊的治病方法在当时并没有得到大家的完全信赖。其中有许多人对此表示怀疑。而那些巫医骗子则更是恶毒攻击扁鹊是在骗人骗钱，不让人们相信他的医术。扁鹊一方面向群众讲解，以消除他们顾虑和怀疑，相信科学，另一方面继续进行医疗实践。他相信，科学终究会战胜谬论和迷信，实践会让人们相信真理，使巫医谬论无处藏身，最终原形毕露。可见，当科学遭到误解和阻挠的时候，必胜的信念和为此而不懈奋斗的精神，对于夺取最后的胜利多么重要。事实表明，相信扁鹊医术并愿意让他治疗的病人起死回生，而那些不相信扁鹊医术并不愿意接受治疗的人则命丧黄泉。

有一天，扁鹊到齐国去行医治病。当他路过齐国都城临淄的时候，

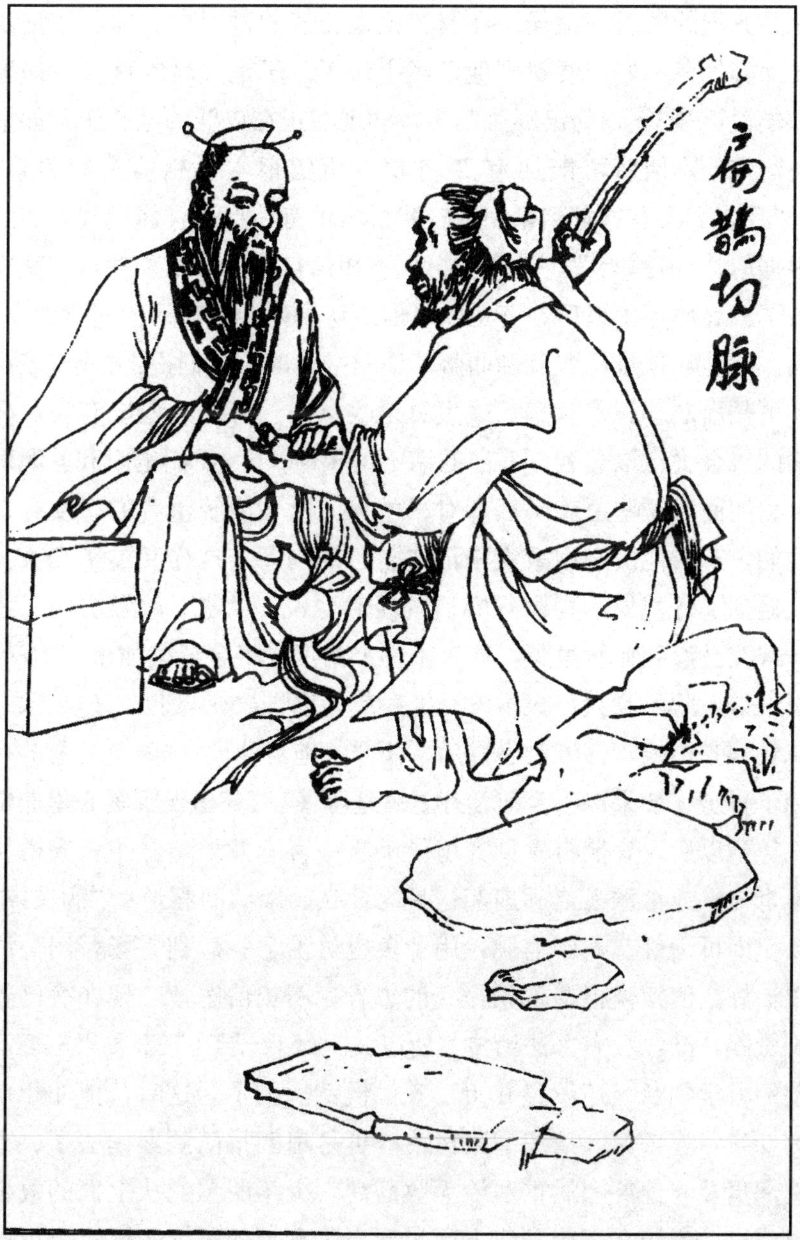
扁鹊切脉

拜见了齐国的国君齐桓侯。在与齐桓侯交谈的过程中，扁鹊察觉到齐桓侯面容气色不好，便料到他已经生病了。于是，扁鹊直言不讳地对齐桓侯说：“陛下，您已经生病了，病现在正在皮肤的毛孔里，如果不赶快治疗，病情就可能加重。”齐桓侯听罢根本不相信扁鹊的忠告，说：“我怎么没有感觉到生病呢？我根本没有一点病，你说我有病是没有根据的。”扁鹊听罢，知道齐桓侯不相信自己的诊断和劝告，就独自离去了。扁鹊走了以后，齐桓侯不但不认真体会扁鹊话中所含的真诚，反而主观地对他进行讽刺和曲解。他对身边的大臣们说：“我本来没有病，可是扁鹊却说我有病，医生总是故意把没病的人说成有病，好借治病的机会去谋取名利。扁鹊的话不可相信。”大臣们也附和着讽刺扁鹊。扁鹊面对这些道貌岸然却对科学一无所知的统治者们，没有立即同他们争辩，他决定用事实来证实自己的判断。这样又过了几天，扁鹊又遇到了齐桓侯，稍微观察后，便对他说：“陛下，您的病又恶化了，现在已渗到血脉里了，如果不马上治疗，将会继续加重。”齐桓侯听罢又是一脸不高兴，根本没有把扁鹊的忠告放在心上。又过了数日，扁鹊看到齐桓侯，仔细观察以后，便严肃地对他说：“陛下，您的病已经到了胃肠，如果再不及时治疗，就危险了。”齐桓侯听罢心里非常生气，等到以后，扁鹊再看见齐桓侯干脆一言不发地走开了。齐桓侯感觉很奇怪，连忙派人追问扁鹊这是为什么。扁鹊回答道：“病在体表，用汤熨即可治好；病到血脉，用针灸也可治愈；病到胃肠，用药酒也可以治好。但桓侯根本不相信我的忠告，不相信医学，现在病已经侵入到骨髓，已经没有办法治愈，所以我只好躲开了。”事实果然证实了扁鹊的科学判断。还没过几天，齐桓侯就病倒了。这时，他才相信扁鹊的劝告，连忙派人请扁鹊来医治。可是扁鹊早已到秦国去了。齐桓侯追悔莫及，他终因病重医治无效而死。少年朋友们从上面的故事里可以看出，扁鹊在“望”病方面表现出了高超的医术水平，也可以体会到相信科学则能发展，反之，则会落后甚至灭亡。“真理往往在少数人手中”，当真理一时不被理解的时候，要敢于坚持真理，顽强奋斗，直至最后取得大家的理解和承认。

扁鹊不仅善于“望”诊，而且还精通“切”脉法。有一次，扁鹊在晋国（今山西、河北、河南一带）行医治病。他听说晋国赵简子患了重病，已经是五天五夜昏迷，不省人事了，连忙跟随来人去诊断。扁鹊用手切脉以后，便说：“赵简子的病不要紧，你们不用担心，过不了几天，便可以治好。”人们相信了扁鹊的医术，便积极配合他医治。在扁鹊的精心治疗下，不到三天，赵简子的病就完全被治好了。人们纷纷称赞扁鹊医术高超。就连著名的历史学家司马迁在他的著作《史记》中，也高度称赞他说：“至今天下言脉者，由扁鹊也。”意思是，普天之下，要说能最先精通切脉治病方法的只有扁鹊。

扁鹊所具有的出人高超的医术，不是一朝一夕获得的，而是长期艰苦学习、刻苦奋斗的结果。没有勤于学习，大胆创新的精神和敢于坚持真理，不畏强暴的不屈不挠的精神是不可能取得像扁鹊那样大的成绩的。生活在今天幸福时代的少年朋友们，不要只是赞赏扁鹊所取得的成绩，应当学习扁鹊的精神和品格，像扁鹊那样认真学习，不怕困难。特别是在遇到困难的时候，要像扁鹊那样去勇敢地克服，去斗争，去夺取最后的胜利。

坚持真理　信医不信巫

真正从事科学技术研究的人，不仅要具有良好的素质水平，更要具有高尚的品德。这既表现在全心全意为劳动人民服务，还表现在敢于坚持真理同坏人坏事作斗争。特别是在那个神鬼迷信猖獗、巫医骗子横行的封建时代里，具备上述品德更为重要。扁鹊不仅自己做到了这一点，用实际行动反对迷信，维护科学真理，而且，他还对患者提出了很高的要求。他对奴隶主和封建地主阶级的骄恣蛮横十分憎恨，对那些不相信医学，不按医生指示办事，不遵守医学规则，只相信巫术而不相信医术的人，即使他身患疾病，扁鹊也不给他们治疗，对那些反对医术，欺骗群众，传播迷信神鬼的巫医们，不但同他们争辩，而且还用实际行动来打退他们的攻击。

扁鹊在治病过程中制定并实施了“六不治”的行医规则，他说：“骄恣不论于理，一不治也；轻身重财，二不治也；衣食不能适，三不治也；阴阳并藏，气不定，四不治也；形羸不能服药，五不治也；信巫不信医，六不治也。有此一者，则重难治也。”这段话的意思是：

第一，不治疗骄傲蛮横，不相信医生，不遵守医嘱，不讲道理的病人。

第二，不治疗自私自利，不重视自己的身体和疾病的病人。

第三，不治疗不随天气变化而调节自己吃饭穿衣的病人。

第四，不治疗气血、五脏皆被极度损伤，并远远超过自身所能忍受的限度，而且又无法用药治疗的病人。

第五，不治疗身体极度虚弱不能承受药物治疗的病人。

第六，不治疗只信鬼神而不信医学的病人。

在上述“六不治”规则中，扁鹊不仅阐述了他的科学预防疾病的思想，而且，他更强调不治那些“骄横不讲道理和重财轻身”，过着骄奢淫逸生活、整天碌碌无为的王公贵族、花花公子；不治那些“信巫不信医”的病人，坚持“信医不信巫”，坚决勇敢地同封建迷信作斗争。扁鹊不仅是这样想的，更是这样做的。

有一次，扁鹊和他的弟子在虢国行医，听说虢国正在为太子筹办丧事。扁鹊于是和弟子们一起前去查看太子究竟因何病而死。扁鹊到了王宫内院一看，看见有许多巫医正在那里舞神弄鬼，为太子进行所谓的安抚亡灵。扁鹊根本不相信这一套。他便问中庶子（虢太子的侍从官）："太子患的是什么病，是如何死的?"中庶子答道："医生说是邪气压倒正气，而邪气又得不到发泄，突然暴发，昏厥而死。"扁鹊听罢不以为然地说："这完全是胡说八道，哪里有什么邪气，这是迷信，不可相信，应该重新用医学对太子诊治，巫术思想毫无所用。"那些巫医听罢，很是不服。他们本来就恨扁鹊，于是，便聚拢在一起，同扁鹊争辩道："如今太子明明已经不省人事，完全失去知觉，这不是邪气在起作用吗？你说是什么?"中庶子也是一个非常迷信巫术的人，他只迷信巫医的诊断，不肯相信扁鹊的判断，也支持巫医，排挤扁鹊。扁鹊面对这群巫医，毫无畏惧。他理直气壮地答道："太子不省人事，这是发病的结果，即便是死了，也是发病之所为，但决不是什么邪气作用的结果。更何况太子到底是真死还是假死，只有经过认真详细诊断以后，才能最后判断出来。单用邪气就做最后判断，这不符合医学要求，更不是医生之所为!"巫医们听罢更加忍耐不住了，因为扁鹊的话中暗含着对他们的讽刺与批判。于是，他们向扁鹊狂吼道："真是岂有此理！人死了哪有真死和假死之说，说这话会动怒祖宗的神灵，是大逆不道!"扁鹊不慌不忙但又非常有力地回答说："空口白话，岂能分辨谁是谁非，还是让事实来说话吧!"于是，扁鹊冲破他们的阻挠，详细地了解了太子的病情之后，又说道："太子也许没有真死，还有可能救活。"中庶子和那些巫医哪里相信扁鹊能使死人"起死回生"。开始，他们不愿意让扁鹊医治，中庶子也不肯将此事传报给国王。后来，经过扁鹊一再说服和再三坚持医治，再加上还有其他许多了解扁鹊医术医德的人的大力支持，中庶子本人也担心国王以后知道此事会怪罪于他，只得报知国王。那些巫医也抱着扁鹊医治不好，以便趁机报复他的侥幸心理，同意让扁鹊治疗。国王得知扁鹊来到后，他深知扁鹊的

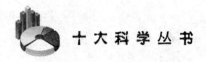

医术，于是，便派人请他入宫中，让他为太子治病。

扁鹊运用他高超的“望”、“切”医术，仔细地观察了太子的面色，细心地触摸了他的脉搏之后，沉思片刻，严肃而坚定地对周围人说：“太子因脉微而乱，故病体静如死状，此病名为‘昏厥症’（现在称‘休克’或‘假死’），表面上看，如同真的死亡一般。如果此时把他埋葬了，就等于‘活埋’一样，如果给与他及时和适当地治疗，还是可以治好的。”国王听罢十分惊喜，恳请扁鹊马上治疗。中庶子和巫医们听后，表面上随着国王应和着，但心里仍不相信或者半信半疑。

扁鹊让他的一名弟子在太子的“百会穴”上扎针，又让另一名弟子做热敷，然后用一种名叫“八减”的秘方敷在太子的两腋下。不久，太子就慢慢苏醒过来了。国王看到太子死而复生，惊喜惹狂，连连称赞扁鹊是神医，能妙手回春，使病人起死回生。中庶子和那些不相信扁鹊医术，还想趁机报复的巫医们，在铁的事实面前，哑口无言，狼狈不堪，只好低下头，灰溜溜地走了。

经过这场迷信巫术和反对迷信巫术的斗争，科学医术终于战胜了巫术。扁鹊以自己的实践，维护了医学的尊严。人们赞扬扁鹊高超的医术，更赞赏扁鹊所具有的坚持真理，勇于斗争，誓死“信医不信巫”的高尚品德和无畏精神。这一点也很值得少年朋友认真学习。

遭嫉被害　神医蒙难

当许多人都做同一件事情或做同样工作的时候，必然出现竞争，这本来是很自然、合理的现象。因为，竞争能够调动人的积极性，能使竞争双方彼此取长补短，共同前进。尤其在现在社会主义市场经济条件下，到处存在着竞争，也需要竞争。做买卖是这样，学习也同样如此。然而，良好的竞争必须要求竞争双方要有良好的品德，要求他们进行公平合理的竞争。只有这样，才能获得好的结果。否则，就会导致“同行是冤家”，彼此尔虞我诈，互相争斗，出现不良的恶果。在封建社会腐败制度的影响下，后者是经常发生的。扁鹊与那些巫医虽然都是行医治病，但彼此的目的却截然不同。扁鹊行医为的是解除劳动人民的疾苦，使他们身体康健，重获幸福；而巫医治病为的是升官发财，欺骗百姓。由于扁鹊医术高超，医德高尚，深得百姓和一些统治者的信赖，在他们当中享有很高的威望。这样就给巫医们带来很大的威胁，因为扁鹊使他们难以在百姓中安身，更难以像从前那样骗取钱财，也在国王面前失去宠爱。他们不但不认真地向扁鹊学习，弃恶从善，反而极端仇视和嫉恨扁鹊，并多次阴谋采取卑劣手段杀害扁鹊。

秦国太医令李醯就是一个嫉妒心极强，阴险狠毒的巫医小人。每当他亲眼看到扁鹊用高超的医术和高尚的医德为百姓解除病痛，获得幸福，带来希望，赢得广大人民的欢迎和敬仰的时候，他不是认真地向扁鹊学习，改邪归正，反而认为扁鹊抢了他的生意，使他在自己的主子面前黯然失色，失去了发财升官的机会，是他的同行冤家。于是，他越发嫉恨扁鹊，而且还到处诬陷扁鹊，阻挠扁鹊行医。但这不但没有降低扁鹊在人们心目中的崇高地位，人们反而更加信赖扁鹊。信巫不信医的人越来越少，而信医不信巫的人则越来越多了。这就使得李醯等巫医之流更加孤立了。于是李醯便想出了暗杀扁鹊的卑劣想法。他纠合了一批与他同样嫉恨扁鹊的吮痔舐痈、草菅人命的庸医、巫医，经过长期的密谋和筹划，共同制定了暗杀扁鹊的阴谋计划。

有一次，扁鹊来到秦国行医。秦武王当时正在患病。李醯等巫医先后为秦王治病，但都不见效。这使得秦王大怒。当秦王得知扁鹊来到秦国时，便高兴地派人速请扁鹊前来为他治病。李醯等人知道后，

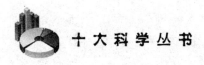

顿时嫉恨重生。便和刺客提前躲藏在事先为扁鹊准备好的客馆中的阴暗角落里。当扁鹊来到客馆就寝的时候，李醯等人手持杀人尖刀闯入了扁鹊卧室。扁鹊发现后，厉声喝道："你们想干什么?"李醯撕去往日道貌岸然的伪君子的面纱，暴露出他那阴险、狰狞的本来面目。他一边舞动手中的尖刀，一边说道："扁鹊，你抢了我们的生意，使我们在秦王面前不能立足。你是我们的冤家。如果你主动表示从今以后永远离开秦国，并保证永不再来秦国，我们饶你不死，否则，我们就要你的命!"扁鹊面对这群小人，毫无畏惧，大义凛然。他厉声答道："我扁鹊行医治病，为的是解除天下百姓们的疾苦，而不是为了我个人的名利。并不是我扁鹊本人抢了你们的生意，而是因为你们这些巫医用神鬼迷信欺骗百姓，所以，在群众中失去了信用。你们应该改邪归正，信医而不再信巫，当好良医不再当巫医，这才是你们的出路。否则，你们将不会有好下场。秦王以及秦国的百姓需要我为他们治病，解除他们的痛苦，这是我作为一个医生的责任和义务，是任何人也阻挡不了的！你们即使把我杀了，我也决不屈服于你们，也决不会改变我信医不信巫的信仰以及为百姓治病的志向!"李醯听罢恼羞成怒，最后残忍地把扁鹊杀害了。一代名医，祖国传统医学的祖师，为了坚持真理，维护正义，不屈服于巫医的威胁与恐吓，为发展祖国传统的医学事业而献出了自己的生命。

扁鹊遇难的消息很快就传遍了秦国以及扁鹊的故乡。人们纷纷悼念这位伟大的医学家，更加仇恨那些阴谋、毒辣的封建巫医，也更加坚定了相信医学、反对巫术的信念，以及为发展医学而奋斗的决心。

扁鹊虽然离开了人世，但他的医术却被他的众多弟子继承下来，传诵至今。扁鹊撰写的《扁鹊内经》、《外经》、《黄帝八十一难经》（简称为《难经》）等医学名著，特别是《难经》一书，仍然在我国医学史上占有十分重要的地位，对我国现代医学的发展起到重要作用，至今仍然是医生以及医学家学习研究的一部重要文献。

更重要的是，扁鹊所具有的全心全意为劳动人民服务的高尚情操和无私品德以及信医不信巫，敢于坚持真理，不畏强暴，反对巫医的科学态度和无畏精神，一直鞭策着、鼓舞着一代又一代人。

少年朋友们从上面扁鹊的故事中，应该懂得什么呢？我们不仅要学习扁鹊相信科学，努力钻研医术的精神，还要学习扁鹊的高尚品德。一个合格的人才，不仅要有好的本领，更要有好的精神。因为，一个人在生活、学习、工作中，不仅会遇到种种困难，还会遇到许多像杀害扁鹊的巫医李醯那样坏人的攻击。在这种情况下，就需要少年朋友要有正义感和胆量，敢于同他们进行斗争。革命烈士夏明翰说得好："砍头不要紧，只要主义真；杀了夏明翰，还有后来人。"只有维护科学真理，才能发展真理。希望少年朋友们认真学习扁鹊的高尚品德，努力学习，成为又红又专、品学兼优、德才兼备的社会主义和共产主义事业的接班人。

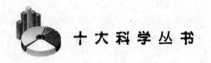

惨死于曹操刀下的外科鼻祖——华佗

也许有的少年朋友听过爸爸妈妈或者爷爷奶奶讲述“三国”故事，也许有的少年朋友读过历史小说《三国演义》，也许更多的少年朋友看过电视剧《三国演义》，大都会被刘备、诸葛亮、曹操、关羽、张飞、赵云等历史人物所吸引。可是，你还记得其中有一位神医运用刮骨疗毒方法给大将关羽医治箭伤，使关羽迅速痊愈，重振雄风，跃马挥刀，驰骋杀场吗？这位神医的名字叫做华佗。他是我国古代著名医学家。他最先发明了“麻醉手术”方法，被称为外科鼻祖。他运用自己高超的医疗技术为天下劳苦百姓治病，深得人民的爱戴；他不图名利，不畏权势，医德高尚。也正因为这样，华佗被专横霸道的曹操给杀害了。

救死扶伤　以医济民

华佗生于公元2世纪中叶也就是后汉三国时期，他是当时沛国谯县人，也就是现在的安徽省亳州市人。他还有一个名字叫华旉，字元化。三国时期，各地连年混战，天下大乱，社会生产和人民生活遭到了严重破坏。战争使劳动人民的生命安全受到威胁，水旱成灾，疾病四处流行，给老百姓带来极大的痛苦。青少年时代的华佗看到这一切，对封建统治者的残暴行为充满了仇恨，更对深受战争之苦和疾病折磨的劳动人民给予强烈的同情。“我要当一名好医生，为天下的老百姓治病，帮助他们解除痛苦!”远大的志向使华佗产生出了极大的热情和为之努力奋斗的动力，同时也获得了父母及家人的支持。

华佗为了实现他的志向，刻苦学习，努力钻研。白天，在学校里，他认真向老师学习；回到家里，他一边帮助父母干活，一边读书或者默默地背记在学校里学习到的知识。晚上，他独自一个人在昏暗的油灯下和简陋的木桌旁静静而认真地复习功课，或阅读其他经书，常常读到深夜。有时，华佗读着读着不知不觉地趴在书桌旁睡着了。醒来后，他又用凉水洗洗脸，让自己清醒后继续学习。父母看在心里疼在心上，多次劝华佗注意身体，不要过分熬夜。华佗只是答应着，却依旧学习到深夜。春去秋来，冬寒夏暑，华佗持之以恒，始终如一，“头悬梁，锥刺骨”，博学各种经书特别是有关医学和养生方面的书籍，使得他的医学知识非常渊博，从而为他以后的医学实践和研究，特别是为提高医疗技术水平奠定了坚实的知识基础。

到了成年时代，华佗不满足于对医学知识的学习。他要拜师学习医疗技术，在广大民众中学习医疗经验，在医学实践中得到真知，以便把自己学到的书本知识和医疗实践相结合，达到学有所用，当一名合格的良医。为此，华佗曾游学到徐州等地，拜名医为师，虚心向他们学习医疗技术，并用自己掌握的医学知识来分析其中的技术原理，做到全面理解，准确运用。华佗从这些名医那里，继承了秦汉以来像扁鹊和张仲景等著名医学家的宝贵的医学遗产，使得他能够“站在巨人的肩上”，攀登医学高峰。不仅如此，华佗还不耻下问，热情而虚心地向百姓学习，从他们那里获得医疗实际经验，获得能够治大病的“偏方”，以补充自己知识上的缺陷和技术上的不足，达到精益求精，

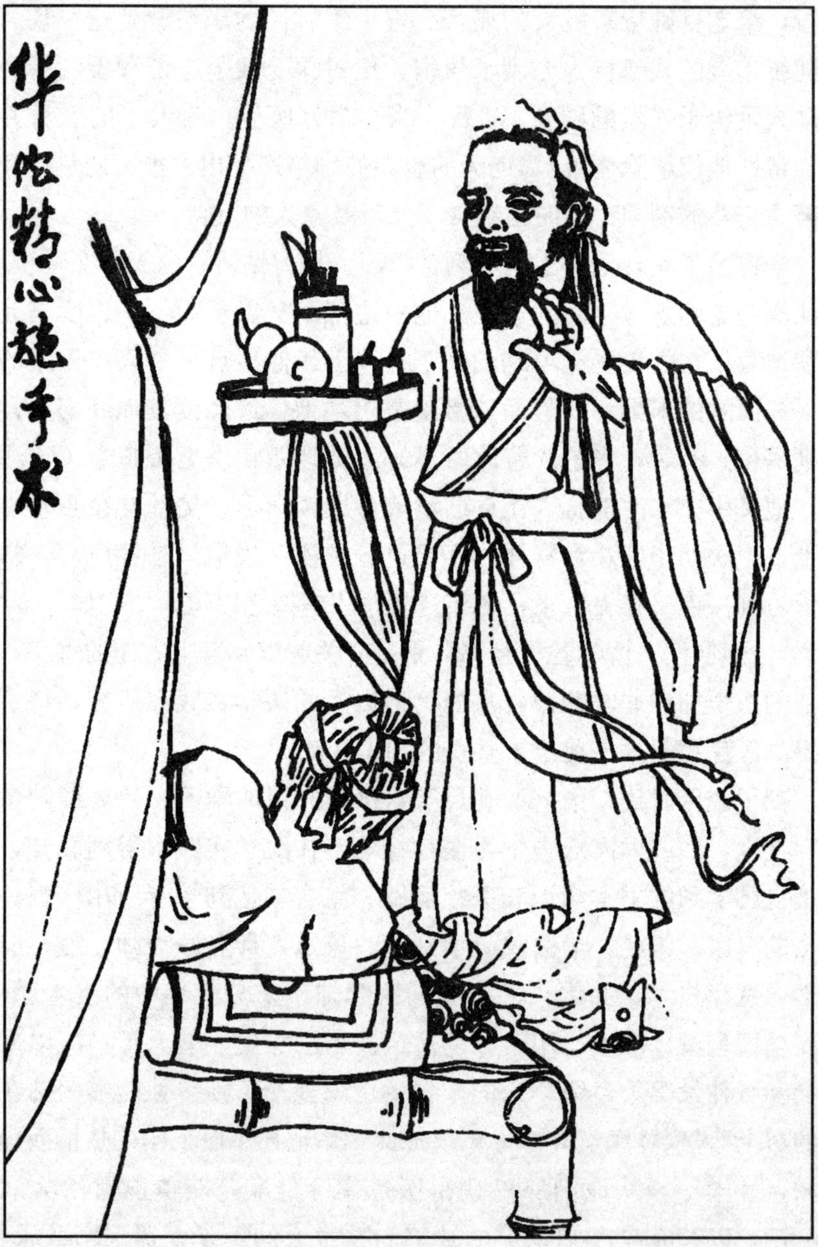
华佗精心施手术

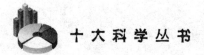

全面发展。多年来，华佗在游学治病实践中，克服多种自然险阻和江湖庸医的多次围攻磨难，在内科、妇科、小儿科、针灸科特别是外科医疗技术方面都有相当的研究和很大的技术突破。他运用自己刻苦学习努力实践所获得的精湛的医疗技术，救死扶伤，以医济民。把无数个老百姓从病魔手中或从死神手中解救出来，使一个个患病弱体变得身强体健，让痛苦绝望的忧容变成了欢欣喜悦、充满希望的笑颜。从而使他成为一名深受劳动人民崇敬和爱戴的神医，也实现了他少年时代所树立的远大志向和崇高理想。

发明“麻沸散”　首创“麻醉术”

也许大家都知道，医生在给病人做手术特别是做大手术（如剖腹手术等）之前，都要先给病人打一针麻醉药。这是为什么呢？原来，麻醉药的作用是使病人身体中的某一部位或者全身处于麻醉失觉状态，即失去感觉和知觉。这样，在给病人开刀动手术的时候，病人就不会感觉到疼痛，能够安然地躺着接受医生手术治疗。否则，病人会感到疼痛难忍，大喊大叫甚至跳起来或跑出去，不接受手术治疗，从而阻碍手术的正常进行。这一点大概许多少年朋友都会理解。有的少年朋友平时如果不小心手上被刀刮破一点皮，就疼得受不了，会哭着找爸爸妈妈包扎治疗呢。那么，少年朋友们知道上面说的麻醉剂和用麻醉剂做手术是谁发明的吗？是华佗发明的，是华佗在长期的医疗实践中经过反复研究，多次实验，最终探索发明出来的。由于麻醉药（或称麻醉剂）不是一朝一夕就能发明出来的，需要经过反复试验，如果在试验过程中一旦所用的麻醉剂失效或效果不好，就会给本来已经很痛苦的病人又增加新的更大的痛苦，其结果不但不能根除病症，反而会导致病情加重甚至死亡。这就需要发明者具有敢于承担失败的风险和痛苦，以及承担因病人死亡而带来的巨大责任。华佗正是在这种情况下，克服种种困难，忍受种种磨难，从事麻醉剂与麻醉术的发明实践的。

也许有的少年朋友会问，是什么原因促使华佗能从事这样具有很大风险的发明呢？这需要从当时的历史背景谈起。

前面已经说过，三国时期，天下战争频繁出现。当时，在战争中受伤的将士很多，急需治疗。例如，少年朋友们在电视剧《三国演义》中看到，华佗为蜀国大将关羽做“刮骨疗毒”手术。当时关羽带兵镇守襄阳（就是现在的湖北襄阳），战斗中，关羽的右臂中了毒箭，肿胀得不能运动，不能挥刀跃马杀敌了。华佗闻讯赶来医治。他观察伤情以后，感到伤势很重，必须用刀割开皮肉，将渗入到骨中的毒液刮除，这样才能根除病痛。但华佗又担心这样做，关羽会承受不了巨痛。于是便想让人把关羽的受伤手臂套在标柱上的锁环里，用绳捆住，防止他因疼痛而乱动。然后，再用被子把他的脑袋蒙住，防止他看刮骨动作而惧怕并阻止手术。哪知关羽毫无惧色，他没有让华佗做上述工作，而是一边饮酒，一边同手下人下棋，一边接受华佗刮骨疗毒手术，而且谈笑风生，面不改色。华佗深为关羽的大将风度和刚强意志所折服，同时又陷入深思：刮骨疗毒，剧烈疼痛肯定会感觉到，除了关羽能够承受得了，平常人是很难承受的。要是能发明一种药，能使病人在毫无痛苦的情况下剖腹刳背、抽割肌肉，或像前面所说的刮骨疗毒，挽救众多垂危病人的生命，那该有多好啊！然而，这又是一件很难做到又很冒风险的难事！弄不好，不但达不到治病救人的目的，反而还会致病人于死地，那将如何对得起病人，对得起百姓呢？如果失败伤人，那结果又将引起和承受那些欺骗世人，大搞封建迷信残害百姓的江湖庸医们的讽刺、围攻，甚至打击迫害啊！

然而，上述许多困难和不祥预料，没有使华佗知难而退，相反，却使他知难而进。“明知山有虎，偏向虎山行。”他决心以自己的生命去攻克这道难关，解救那些因为没有麻醉药不能手术而受病魔折磨的人们。

在做一项研究或发明和发现之前，研究者要先考察、学习前人在这方面的研究成果以及所存在的问题。因此，这就要求研究者首先学习前人的经验。华佗就是这样做的。

他首先认真阅读大量医学文献，考察了前人的许多医治病人状况，着重了解前人是否发明过麻醉剂。经过翻阅资料和拜访名医，华佗知道，在他之前，已经有人知道用酒泡乌头、蜀椒等药物当做麻醉剂了。也就是说，前人在发明麻醉剂方面已经进行了很长时间的探索，并且，已经获得了许多经验。这就为华佗进一步发明麻醉剂奠定了一定基础。于是，华佗又按照前人的经验重新进行研究和实验，结果他发现，用酒泡乌头作为麻醉剂能够起到一定的麻醉作用。少年朋友们想一想，即使不用乌头，单用酒也能使人失去知觉。因为大家经常看到喝醉酒的人常常说胡话，或哭或笑或唱（有个相声名叫“醉酒歌”，说的就是有一个喝醉酒的人胡唱乱唱闹出许多的笑话），或者醉倒如泥，昏然大睡，不管你如何推他、摇他，他都全然不知。这是因为酒能麻醉人的神经而使人失态。而且乌头这种药本身也有麻醉作用，所以，不难想象，用酒泡乌头自然会起到麻醉作用了。然而，华佗在实验过程中发现，乌头这种药毒力太大，在麻醉过程中，如果放入乌头的量太少，则麻醉效力小，不管事；如果放入的量太多，就会把病人毒死，反而起到了与麻醉相反的效果。对病人负责的责任感促使华佗决定再寻找另外一种既能有效地使病人迅速麻醉又能不伤害病人性命的更加理想的药物。

于是，华佗便翻山越岭，四处寻药。为寻药，他无数次险些被深

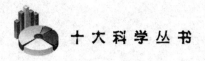

山野林中的野兽吃掉；为采药，他攀登悬崖，多次险些坠落于深谷之中。尽管如此，华佗仍然不顾个人安危，把个人的生死置之度外，一切为了给病人治病。华佗的献身精神和高尚医德，深深感动着周围的人们。大家在华佗精神的感召下，纷纷前来热情地帮助他采药。“功夫不负有心人”，经过大家的共同努力，终于采集到了比较理想的麻醉药物“麻沸散”。华佗心里非常高兴，因为他从中看到了治疗病人的美好希望，看到医学发展的前途和希望。

然而，华佗并没有完全被胜利所陶醉。他清楚地认识到，新药究竟能否如愿有效，需要经过实践来检验，因为“实践是检验真理的唯一标准”。在没有完全懂得新药的特性以及疗效的情况下，不能立刻把它当做麻醉剂，用在给病人开刀手术上。否则，将会发生意料不到的后果。如果这样，将对不起病人，也是医生的失职。

于是，华佗便开始了实验分析工作，他首先拿自己泡制的药酒用狗等畜类做试验，结果证明效果很好。为了谨慎起见，华佗又接连几次给狗做麻醉实验。可是，他发现麻醉虽然成功了，但后来狗还是死掉了。“这是怎么回事呢？是不是除了麻醉药问题以外，还有其他什么问题没有解决呢？”华佗经过反复实验研究，终于发现，狗麻醉效果好但又死掉的原因是，狗受到了风和热，手术后的伤口化脓不收，邪毒深入狗的内脏，最后把狗毒死了。问题找到了。那么，能不能发明一种药，把它涂在经过手术后的缝合了的伤口上，来保护伤口，防止邪毒入侵呢？华佗又开始新的发明研究。从采药到试药，连续地日夜劳动，使得华佗感到很累，人也削瘦了许多。家人看在眼里，疼在心上。他们多次劝华佗注意休息，保重身体。华佗听罢笑笑说：“现在有许多病人急需开刀手术治疗，但却因为没有麻药而不能做手术，只能白白地被病魔夺去生命。救死扶伤，治病救人，这是医生的责任和义务。我怎能因为个人的身体而眼巴巴地看着病人就那样白白死去不管呢？

我要抓紧时间，把麻醉药发明研制出来，赶紧把它用到手术上。在这个时候，挣得一分一秒，就能挽救许多病人的生命啊！”华佗的肺腑之言，表明了一个医生的无私奉献、毫不利己、专门利人的高尚情操以及不顾个人安危，“先天下之忧而忧，后天下之乐而乐”的崇高品德，其言行深深感动着家人和四邻乡亲。

一份努力换来一份成果，一份热情换来一份希望。经过无数次艰苦的实验研究，华佗终于发明了一种“神膏”，他把这种药涂在狗的刀口上，不仅能够防止邪毒入侵，还能促使刀口迅速生长肌肉，迅速愈合。终于成功了！看到自己艰苦努力而获得的成果，华佗欣喜若狂。他高兴地向人们宣告：“麻醉剂发明出来了，开刀动手术完全可以了。谁要是肚里长了瘤子，或者患了肠疾（就是阑尾炎）什么的，即使用针灸和药治不好，也可以用麻醉药开刀动手术，而且不觉得疼痛，完全有办法根治了！”发明麻醉药，真是不容易啊！为了它，华佗克服了各种艰险困难和实验失败以及自身健康等所带来的痛苦。没有一种对科学的不懈追求，对患者的高度责任感，以及不畏困难敢于牺牲自我的精神，是很难从事和完成这项发明的。这应当值得现在的少年朋友们好好学习！

有了使患者麻醉失去疼痛感的“麻沸散”和能使刀口迅速愈合的“神膏”，华佗便又创立了“麻醉术”，即用麻醉药和酒溶在一起让患者服下，使其全身麻醉，失去知觉，便于进行手术治疗。华佗用他发明创立的“麻沸散”和“麻醉术”为病人治病，收到了很好的效果。有一天，华佗正在家里为百姓治病，忽然有人跑进来说，“华佗先生，有个人突然肚子疼得很厉害，正在地上打滚，您快去看看吧！”华佗听罢，不顾劳累赶忙向患者家跑去。到那里以后，华佗迅速给患者切了脉，又按了按他的肚子，迅速做出了诊断结果。他对患者说：“你的脾烂了，应该马上开刀把它割掉。”“不行，开刀会疼死我的！”患者听罢心里有些惧怕，连忙阻拦道。华佗诚恳而坚决地回答道："你的病已经很严重了，用汤药、针灸等办法都不能治好。如果不立即用刀把它割掉，可就没救了。你不用担心害怕，我这里已经有了'麻醉散'和'神膏'，用它开刀做手术，你是不会感觉到疼痛的。"病人听罢，虽然心里仍有点半信半疑，但被华佗的一片诚意所感动，再加上他也早已听说过华佗医术高明，医德高尚，便点头同意了。华佗开始给患者做手术。他首先给病人服用了麻醉药，也就是他发明的"麻沸散"。不一会儿，"麻沸散"就显示出了麻醉效果，患者就不知不觉地进入了麻醉状态，迷迷糊糊地什么都不知道了。这时，华佗感到手术时机已经成熟，就用手术刀轻轻而迅速地剖开了患者的肚皮，察看病症到底出现在何处。华佗看到，病人之所以肚子疼痛难忍，是因为他的脾烂了一半。于是，华佗便用手术刀把烂掉的半边脾割除掉，然后再把肚皮缝合好，并且用他发明的"神膏"敷上刀口，以防止病毒侵入致使刀口化脓，促进刀口迅速愈合。华佗前后用了不到3个小时就把手术做完了。当病人醒来时，感到肚子不疼了，就好像睡了一觉，做了一个好梦。当得知手术已经做完的时候，他竟然有点不相信这是事实，忙问华佗："这是真的吗？我怎么一点都没有感觉出来，更没有感觉到疼痛。华佗先生，您真是神医啊！"说罢，向华佗千恩万谢。华佗看到自己的发明成果经受住了实践检验，心里十分高兴。过去自己在发明"麻沸散"，创立"麻醉术"过程中，所经受的许许多多的艰险和失败以及江湖庸医的围攻之苦早已烟消云散。为了使病人彻底恢复健康，华佗还给病人另开了药方并嘱咐他按时服用。不到一个月，病人就完全恢复了健康。

华佗发明"麻沸散"，首创"麻醉术"，并且成功地为病人做了开刀手术，根除病症的消息就像鸟儿一样飞遍了千家万户。立刻，全国各地许多用针和药医治不好或不能根除的病人，纷纷来找华佗要求开刀手术治疗，而不再像以前那样一谈到开刀就“谈虎色变”。华佗的伟大发明的确挽救了许多人的生命！

华佗的伟大不仅仅体现在治病救人上，更重要的是，华佗以自己大胆的开拓性实践，以及由此所表现出来的敢于改革，乐于奉献的精神，严厉地批判了封建迷信的医疗观念。这种旧观念认为，人的“身体肌肤受之父母，不敢毁伤”。意思是说，人的身体是父母给的，不能随便动刀损伤。这实质上是一种封建迷信的迂腐见解，其目的是为了阻碍医疗技术的进一步发展。也正因如此，那些江湖上许多以鬼神来愚弄、欺骗百姓的庸医们才能横行霸道，使得许多本来应该治好重新恢复健康的患者都白白地丢掉了性命。也正因为如此，当他们得知华佗要发明麻醉药的消息时，便一起到处制造谣言，说华佗的发明是杀人害命，违背祖先传统医术，是大逆不道！他们聚集在一起，采取围攻、讽刺等不良手段，阻止华佗的发明，企图让华佗一败涂地；当他们得知华佗已经发明创造出麻醉药和麻醉术并成功地为病人开刀动手术的时候，他们便又恶语中伤，说华佗做手术是在施展妖术，治好只是暂时的，病人还会死，不仅病人死，病人的全家也会死，因为手术已触怒了祖宗亡灵，要受祖宗灵魂惩罚的。然而，“事实胜于雄辩”。华佗以自己的顽强努力和成功硕果，赢得了天下百姓特别是病人的信赖，抨击了封建迷信的种种奇谈谬论，促进了祖国医疗技术的发展，特别是外科技术的发展，华佗以此也被世人称为“外科的鼻祖”。

华佗的伟大发明，不仅是我国古代医药史上的一个重大成就，在世界医药史上也是一项突出的成就。华佗的这项发明相继经过阿拉伯等国家，被传到欧洲及世界各地，产生了很大影响。这正如西欧医学者鲁氏在他的《世界药学史》一书所说的那样：“阿拉伯国家知道用一种吸入的麻醉剂，恐从中国学来，被称为中国希波克拉底斯（是古希腊的著名医学家）的华佗很精通此种技术……”鲁氏把华佗比作中国

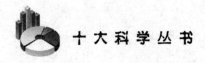

的“希波克拉底斯”，与希腊医学家相媲美。由此可知，华佗的外科技术在当时世界上也是最先进的医疗技术。直到1600年以后的1848年，美国人莫尔顿才把乙醚这种化学药物作为麻醉剂用于全身麻醉，并取得手术成功。西方医学的麻醉术才由此渐趋完善。可是这与华佗的发明相比，便显得很落后了。可以说，华佗是世界上最早或最先发明和创造麻醉剂和麻醉术的医学家。正是华佗聪明智慧的体现，也是华佗不畏艰险，敢于创新，不怕牺牲，百折不挠，不懈努力的结果。

发明“五禽戏”健身操　首创医疗体育保健法

谁都希望自己一辈子都不得病，永远健康长寿。少年朋友大都懂得了平时积极锻炼身体，可以预防疾病，以及有病应该尽早尽快地找医生看病的道理。可是，在古代，由于科学技术特别是医学和医疗技术不发达，人们只知道“有病乱求医”，甚至向封建迷信的巫医和江湖上庸医骗子求医，对预防疾病，锻炼身体的道理及其重要性还不是很了解，更没有人去做，也不知道如何去做以及做的方法。古代的人们有两种很极端片面的认识。一种是听信所谓神灵的愚弄，四处寻求什么灵丹妙药，认为只要找到并且吃到了这种药，就可以永远不会得病，永远不会死，能活到100年甚至上万年，永远活着。秦始皇就曾经让500名童男童女乘船去东海寻找神仙及其灵丹妙药，企图在自己服用这种药之后，可以万世不死，长生不老，永远当皇帝。但结果，童男童女一去不回，生死未知，秦始皇也没有吃到灵丹妙药，很快就死掉了。秦始皇以后的许多代皇帝也为了自己长生不老，而让炼丹士炼制金丹。结果他们服用后，不但没有达到长生不老的目的，反而很快中毒死亡了。

另外一种，就是相信“生死由命，富贵在天”的天命论思想，认为生命是上天给的，一个人能活多久是命中注定的。其结果，他们既不懂得预防疾病的道理和方法，也不懂得有病积极治疗，反而甘愿受封建巫医的愚弄和迫害。也许有的少年朋友经常在一些不显眼的地方看见过，现在还有一些骗子用算命、算卦、看手相、相面等封建迷信的手法来骗人骗钱，而在科学技术高速发展的今天，有一些人甚至已经具备一定知识水平的人竟然还相信它，甘心受 骗。使得这些曾经被禁止了的封建医术又死灰复燃，东山再起，重新蒙骗人们。对此，少年朋友应该好好学习科技文化知识，掌握识别真伪、丑美、善恶的本领，勇敢地同封建迷信作斗争。

华佗正是这样做的。当时，社会上也同样存在着上述两种状况。对此，华佗不是沉默屈服，听之任之，对封建迷信、江湖骗子们给许多百姓所带来的痛苦袖手旁观，不管不问，而是勇敢地站出来，既批判长生不老的迷信思想，又抨击天命论的谬论思想。他说：“靠吃什么长生不老药去求长寿，那是真正的糊涂，自己不努力锻炼身体，反把自己生命的长短寄托于上天，那更是愚蠢的表现。”他又举例说：“你们看到了没有，门的转轴为什么不容易被虫子咬坏？流动的水为什么不容易腐败？这是因为它们都在不停地运动着。同样的道理，人如果要想长寿，就要运动。只要经常运动，就能促进饮食消化，血脉流通，筋骨敏捷健壮，而且不易得病。这才是长寿之道呢!”这就是说，人要想自己身体健康，不得病，就必须经常像“门的转轴”和“流水”一样，经常活动，积极锻炼。只有这样，才能增强身体抵抗疾病的能力，防止疾病的发生。在这里，华佗强调了预防疾病的思想和作用，继承和发扬了前人所说的“圣人不治已病，治未病”（意思是说，聪明的医生不注重治疗已得的病，而注重治疗未发生的病，即是说，注意预防疾病）的传统思想。

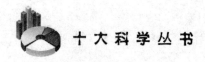

华佗不仅是这样说的，而且更是这样做的。虽然，他的上述思想遭到了封建巫医和江湖行医骗子们的恶语中伤，谩骂围攻，但是，他仍然不屈不挠地同他们进行斗争。为了用事实证明他的预防思想的正确性，也为了更有力地回击那些巫医骗子们的胡言乱语。华佗进行了艰苦地探索与研究。终于创造性地研制了一种名叫“五禽戏”的健身操。“禽”字在现代指的是像鸡、鸭、鹅等鸟类动物，然而在古代，“禽”除了指前面所说的鸟类动物，还包括像虎、鹿等兽类动物。华佗发明“五禽戏”，是经过长期观察虎、鹿、猿、熊、鸟这五种动物的伸颈、舒臂、展翅、跳跃等戏耍时的姿势，并对其进行模仿、创新、改造后，编成的一套优美的强身健体的动作。这个动作具体步骤就是：

1. 上下、前后摆动、扑动两臂，同时两脚在站立时向上跳起，在趴着时向前跃起，并且与两臂摆动、扑动的动作相配合，做到整个动作协调一致，就像老虎奔跑跳跃、扑食那样迅速、敏捷，达到活动四肢，锻炼全身的目的。

2. 直立、两脚微微分开，两手臂向后交叉或自然下垂；或者正坐，上身直立，两脚叉开，两手自然向前交叉或下垂。挺伸脖颈，由前向后做顺时针或逆时针方向转动，或者由后向前做与前述同样方向的转动。就像鹿那样快速灵敏地转动脖颈，以达到活动颈椎，加速颈和头部的血液循环，防止颈部骨质增生，血液供给不足而引发疾病。

3. 两脚叉开并直立站稳，两手向前下方伸展，身体前倾，伏下，同时两手先着地并用两脚、两臂支撑全身；然后，两臂用力反弹，同时两脚前移带动下肢前曲，使整个身体站立。这样一伏一立，像熊一样伏到站起，既锻炼四肢，又锻炼心脏，促进血液循环。

4. 直立，脚后跟抬起，脚尖着地，然后下曲，再突然向上跳起，两手同时上举或下垂不动，或自由摆动。像猿一样上下跳跃，锻炼下肢肌肉、骨骼和心脏。

5. 伸展两臂，或前伸，或左右平伸，或摆动，奔跑，或上跳、前跃，就像鸟儿一样展翅飞翔，达到活动全身，锻炼身体。

华佗发明的上述健身操是他长期接触大自然，观察动物并在此基础认真研究的结果，它能使全身肌肉、关节、内脏等器官都得到舒展和锻炼，是一项把医疗和体育融合在一起的最佳医疗体育健身防病运动。为了有效地推广这项健身操，华佗首先自己练习，并且在锻炼过程中，认真体会、摸索，并修改其中的不当之处，同时他还仔细研究每一个动作中所内含的道理以及该动作所能达到的具体的健身预防疾病的效果，以便更好地向群众讲解，以便让他们了解懂得并掌握每个动作，提高效率。经过一段时间的坚持锻炼，华佗感到这套健身操的确能起到健身防病的作用，他想让更多的人学习掌握它，以达到强身防病的目的。

于是，华佗便到处热心地向群众宣传，并帮助他们练习。起初，许多群众受传统封建迷信思想的影响，对华佗的健身操以及它所具有的防病健身的效果或怀疑，或半信半疑。那些本来就反对华佗发明“麻醉术”的巫医、骗子，更加反对华佗发明的“五禽戏”健身操。他们又开始聚集在一起，到处诬蔑华佗的健身操是“愚弄百姓”，“向百姓欺骗钱财”，“违反祖宗之法，是大逆不道之行为”，不让群众相信，阻止群众参加。不仅如此，他们还纠集在一起阻挠华佗宣传和示范、教练。甚至采取排挤、殴打等野蛮、卑劣手段，阻止华佗推广、传授健身操。

面对这些封建庸医的诬蔑和暴行，华佗大义凛然，威武不屈。他一方面当场用科学的理论和事实驳斥了他们的谬论和反动目的。另一方面，他仍然热情地向群众宣传、推广健身操的道理和好处。多少个风风雨雨、日日夜夜，华佗忍受封建巫医的诬蔑和围攻造成的肉体迫害和精神打击，依然坚持努力传授和推广健身操。他相信，封建迷信

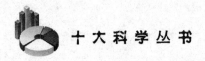

的乌云遮不住科学真理的太阳的光辉，健身操这种科学的体育运动一定能够得到那些渴望健身强体的百姓们的理解、支持，并积极参加。

正义终于战胜了邪恶。华佗的热情和无私奉献精神，特别是他在同封建巫医小丑们的斗争中所表现出来的不屈不挠的气概，以及他那高超的医术，深深感染了那些敬仰华佗医术和医德的人们，那些深受病魔折磨之苦的患者更愿意通过健身强体，预防疾病，而那些曾经通过华佗的医术起死回生的人们，更加相信华佗发明的“五禽戏”健身操。于是，他们冲破封建巫医和江湖骗子们的重重阻挠，前来学习、练习华佗的健身操。人们的热情、支持与信赖更加坚定了华佗传授健身操的信心和决心。他不辞辛苦，不厌其烦，耐心细致地教他们练习，并且严格要求他们天天坚持下去。

辛勤劳作的汗水终于换来了丰收的喜悦。经过华佗长期的传授和推广，“五禽戏”健身操得到了越来越多人的理解，参加的人数也越来越多。通过练习健身操活动，使得很多原来病弱的人逐渐变得强壮。他们体会到了实际效果，而且更加信赖华佗，并认真练习。此外，他们还热情地宣传、动员其他人也来参加学习。华佗的学生吴普、樊阿等人坚持练习华佗的健身操，身体健壮，耳聪目明，牙齿坚固，不生病，一个活到90多岁，一个活到100多岁。他们还亲自把从华佗那里学来的健身操传授给其他人，使之发扬光大。

疾恶如仇　宁死不屈

作为一名医生，是急天下人之所急，把天下劳动人民的疾病当做自己或者是自己亲人的疾病，用自己掌握的医疗技术，来为他们解除痛苦呢？还是不顾劳动人民的疾苦和需要，只为了金钱，而不管人民的死活，甚至用封建迷信欺骗群众，用封建巫术迫害广大患者呢？是不追求荣华富贵，只为平民百姓服务，不愿做封建统治者的奴隶，只愿当百姓的贴心人呢？还是只为贪图功名利禄，丧失自己的人格，甘愿成为封建统治者的走狗呢？少年朋友自然是认为应当做前者那样的医生，而不应当成为后者那样的江湖骗子和剥削者。华佗先生正是做到了前者。他刻苦学习，认真钻研医术，其目的就是为了把天下的劳苦百姓从被病魔折磨的痛苦中解救出来。他治病不图名，不求利，甘当一名民间医生。当时，沛国（今江苏北部的沛县一带）相陈珪很敬仰华佗的医术和品德，曾经几次推荐他做孝廉（一种官名），太尉黄琬也曾多次让他去做官，但都被华佗拒绝了。他说："我宁愿捏着金箍铃，到处奔跑，为人民大众治病，也不愿为官府效劳。"从中表现出华佗高尚的医德医风。华佗倡导为人民服务的行医思想和准则。对于那些追求功名利禄，坑害百姓的庸医小人，华佗疾恶如仇，誓死不与他们为伍，而且，他还多次严厉地批判他们的丑恶行为，维护了我国传统的医德医风。正因为如此，华佗多次受到庸医小人的谩骂、围攻，多次遭到封建统治者的威胁，但是华佗面对这些都毫无畏惧，他据理力争，伸张正义，大义凛然，宁死不屈。

读过《三国演义》的少年朋友知道，曹操曾经患一种头风病（可能是一种阵发性的顽固性头痛病），多次派人四处遍请医生为他医治，但却百治无效。有人便把华佗推荐给曹操，曹操得知后便派人让华佗来为自己诊治。华佗来后，经过诊断，便用针刺疗法医治，随手就把曹操的病治好了。曹操大喜，很赏识华佗先生的医术。他担心自己的病以后还会复发，就对华佗说："你就留在我身边，作为我的侍医，我让你享尽荣华富贵。"但华佗不愿做私人医生，供曹操一个人使唤，他关心的是天下众多百姓的疾苦，而不是个人的荣华富贵。于是，华佗便向曹操请假回家。华佗回家后，就连忙为百姓治病，不肯再回去为

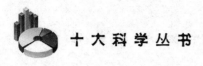

曹操一人治病。曹操一再去信催令华佗赶回许昌。然而华佗却又假借妻子患病需要看护治疗为由，又很长时间在家里为百姓治病。曹操知道后，对华佗请假不回的理由半信半疑。于是他就派一个探子到华佗家乡去暗访。探子回来报告给曹操，说华佗请假理由是假的，在家乡为百姓行医是真的。曹操听罢大怒，立即下令把华佗抓回京城。恰在这时，曹操的头风病又犯了，只好再次让华佗诊治。华佗诊断后对曹操说："丞相要根治此病，还是开刀做手术为好。"这本来是华佗经过认真诊断后所做出的正确判断，完全符合医学要求。但是，阴险多疑的曹操哪里能够理解华佗话中的科学含义。反而把开刀做手术理解为华佗是想杀害他。于是，他便向华佗吼道："开刀把人头劈开，还能活吗？你这是想杀害我。"不容华佗辩解，就派人想把华佗处死。面对死亡，华佗毫无畏惧，厉声说道："丞相的病是我经过仔细诊断后得出的科学判断，而不是想杀害丞相。您就是把我杀了，我也不会改变我的判断。"一个姓荀的谋士敬慕华佗的才华，他得知曹操要杀华佗后，就连忙向曹操求情说："华佗医术高明，是百姓的救星，请丞相赦免了他吧！"他还劝说华佗改变自己的想法，答应永远为曹操一人服务。面对曹操的无知以及残暴的行径，华佗大义凛然，威武不屈。"为了科学真理，我死而无憾！"曹操最后还是下达了处死华佗的命令。

在临刑前，华佗心情坦然。他此时不是在想自己的性命以及家里妻儿老小，而是在想天下深受病魔折磨的百姓们，担心自己死后，不能再为百姓治病了。因此，他决定把自己生前写的一卷医书送给狱吏，他对狱吏说："你把这本书拿去吧，你用这本书可以治病救人。"可是，狱吏畏惧曹操的严厉惩罚，不敢收下这本书。华佗听罢大哭道："可惜！曹操专横，使我一生的医术失传了。"于是，华佗满腔悲愤，含泪把他用一生精力和辛苦写下的著作烧掉了！

一代名医，就这样因不畏权势所逼迫，坚持科学真理而被曹操杀害了。华佗虽然被杀害了，但是，他那全心全意，不辞劳苦地为百姓行医治病，解除痛苦的高超医术和高尚医德，以及他甘为科学真理而死，不为封建统治者所利用和屈服的无畏精神永远活在后世人们的心中。少年朋友们应当从中受到教育，从小立志努力学习，掌握本领，长大为人民服务。在挫折和困难面前，不气馁，不畏惧，不后退，知难而进，迎难而上，为科学技术的发展和祖国人民的富强和幸福而贡献自己的一切。

惨遭宗教徒杀害的古希腊女数学家——希帕蒂娅

人们从入学开始，最先学到的，除了语文知识，就是数学知识了。数学是一门最古老的自然科学，它是物理学、化学、生物学等自然科学的基础。有人甚至说："学好数理化，走遍天下都不怕。"这句话虽然说得有些过分，但是，它却说明了数学的重要性。少年朋友们在学习数学的时候，可曾知道，这些数学知识是谁发现的？又是如何发现的？应该说这些数学知识是由许多数学家经过长期艰苦研究创造出来的。特别是在古代，人们由于对许多自然现象不了解，因此，他们只能把这些现象看作是神的化身，于是，便产生了宗教、神学。那些宗教教徒便用他们的宗教神学知识愚弄、欺骗百姓，对从事科学研究的科学家们进行残酷的攻击与迫害。这样，有许多数学家为了研究数学，发展科学，帮助人们了解各种自然现象和规律，一方面克服困难刻苦钻研数学，另一方面，还要宣传科学，同宗教神学势力作斗争，甚至献出了自己宝贵的生命。

在这里，我们给少年朋友们介绍的就是古代希腊国家中的一位伟大的女数学家。她的名字叫做希帕蒂娅。她一生努力研究和发展数学，反对宗教神学，最后却遭到了宗教反动势力的残酷杀害，谱写了一曲千古悲歌！

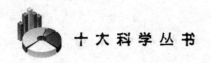

聪慧童年　测量金字塔

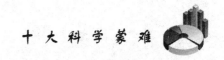

公元370年，希帕蒂娅出生在埃及的一座名叫亚历山大里亚的城市里。埃及是世界四大文明古国之一（其他文明古国有巴比伦、印度、中国），科学技术较发达。例如，埃及人在当时已经学会制造了牛犁、镰刀等工具，还发明创造出了冶炼、纺织、造车、造船等技术。特别是埃及人发明了高度发达的建筑技术，修建了金字塔、神庙、宫殿、陵墓等辉煌的建筑物，其中，金字塔已成为世界的著名文明古物，也是人们至今也没有解开的千古之谜。

埃及人十分重视学习和研究科学技术，早在公元前290年，埃及人就在亚历山大里亚这个城市中修建了一座博学园。园中设有图书馆，馆中藏收了75万卷各门学科的图书，几乎把当时东西方经典图书都收藏进去了，这就为人们学习科学技术创造了方便条件。为了促进科学技术文化的研究和交流，埃及人在图书馆的旁边还修建了一座研究院，成为当时的最高学府之一，著名数学家如欧几里德、阿基米德等人都先后在这座研究院中学习和研究数学，向人们传授科学知识。

希帕蒂娅的父亲名叫西翁，是一位著名的数学家，也在这座博学园中研究、教授数学。因此，希帕蒂娅从小就受到了数学的影响了，并逐渐对数学产生了浓厚的兴趣。她整日缠着父亲给自己讲关于数学方面的知识。而且，她还提出了许多数学问题，让她父亲解答：“爸爸，您说，1，2，3，4，5……这些数是怎样得来的呢?”“三角形的内角和为什么等于180度呢?”西翁非常喜爱女儿，他除了回答希帕蒂娅的问题，还启发她自己动脑筋思考，以便让她自己

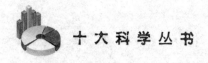

找出答案，培养她独立分析问题和解决问题的能力。西翁对希帕蒂娅要求十分严格，他决心把希帕蒂娅培养成为一名出色的数学家。这样，希帕蒂娅在她父亲的教导下，像一株得到阳光雨露滋润的幼苗，在数学的春天里茁壮成长。

希帕蒂娅长到10岁时，就已经显露出她天资聪慧的才华了。那时，童年的小希帕蒂娅已经掌握了丰富的数学知识，而且还能在她父亲的启发下独立地运用她所学过的数学知识解决一些数学难题。这突出地表现在小希帕蒂娅能运用几何知识测量计算出金字塔的高度。

有一天，西翁问希帕蒂娅："孩子，你知道怎样测量一个物体的高度吗?"希帕蒂娅听后便不加思考地答道："这还不容易，用尺子实际量量不就知道了。"西翁听罢便笑着继续问道："如果这个物体很高，人又上不去，不能用尺子量，那将怎么办呢?"希帕蒂娅听罢瞪大眼睛望着她的爸爸，接着，便低下了头，答不出来了。西翁看出了女儿的难处，就说："孩子，好好想一想，用你学过的数学知识想一想，就会知道测量办法了，过几天，我们去参观一下金字塔，你看看怎样测量金字塔的高度。"

从那以后，希帕蒂娅不再像往常那样活泼玩耍了。父亲提出的问题深深刻在她的头脑里，使她陷入深深地思考之中。她重新复习已经学过的数学知识，并把这些知识和父亲的问题联系起来，以便从中找出解决问题的答案。希帕蒂娅的母亲看着女儿整日思考的样子，心疼地对她说："孩子，想不出来，就不要再想了，反正不是什么大问题，你爸爸是在和你开玩笑呢!"希帕蒂娅听罢便说道："不，妈妈，爸爸的问题很重要，如果不能用所学到的数学知识解决问题，那是没有用的，我一定要解决爸爸提出的这个难题!"西翁知道女儿的决心以后，高兴地赞扬道："好样的，科学的发展就需要有这种不屈不挠的精神!"

然而，尽管希帕蒂娅挖空心思，绞尽脑汁地想，但始终没有找出解决的办法。她心中闷闷不乐，西翁看到后，便说："孩子，我们一起去参观金字塔，也许在参观过程中会找出答案。"

于是，希帕蒂娅和她的父亲一起骑着马向金字塔走去。希帕蒂娅并没有被路上美丽的大自然风光所吸引，她依然在思考着父亲的问题。西翁为了解除女儿的沉重心情，就向她描述沙漠美景和金字塔的壮观。

快走到金字塔的时候，夕阳西下，天色已近黄昏。希帕蒂娅和她父亲下马步行向金字塔走去。夕阳把他们两人的影子拉得很长，希帕蒂娅和她父亲一前一后地走着。她低着头，目光不自觉地注视她和父亲的影子。她看到她和父亲的影子在随着他们的走动而不停地向前移动，她有意识地加快脚步，以便使她的影子和父亲的影子重合在一起。当她发现他们俩的影子重合在一起的时候，希帕蒂娅便抬头望着她父亲和太阳。突然，她惊奇地发现，当他们两个人的影子重合时，太阳与他们俩的头顶恰好形成一条直线。这时，她忽然想起了可以用"相似三角形对应边成比例"的定理来测量金字塔的高度。想到这里，希帕蒂娅高兴地搂住西翁的脖子高声喊道："爸爸，我找到测量金字塔高度的办法了！我找到了！我找到了!"接着，她就把自己的想法告诉了西翁。西翁听罢连连称赞："好孩子，你终于解决了这个难题，你会成为一名出色的数学家!"

学过平面几何知识的少年朋友，自然会知道希帕蒂娅用相似三角形定律测量物体高度的方法是完全正确的。在这里，我们再把这种方法简单地介绍一下。

如图所示：

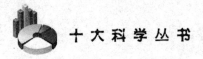

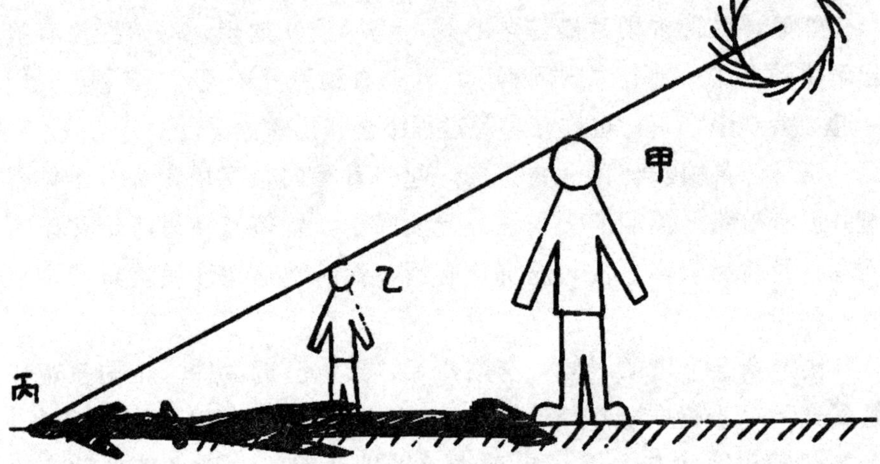

假设甲是西翁，乙是希帕蒂娅，丙是他们俩重合在一起的影子。当太阳和他们的头顶在一条直线上时，甲乙二人便和丙形成了两个相似直角三角形。按照这个道理，就可以测量出金字塔的高度了。

如图所示：

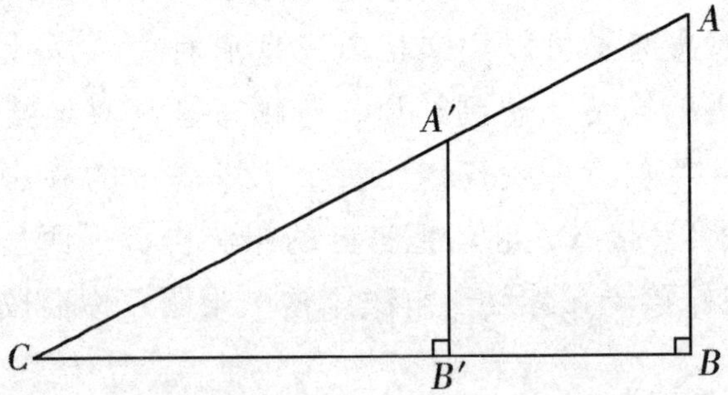

假设 AB 是金字塔的高度，一个人把一根木杆 $A'B'$ 立在金字塔的旁边，另一个人站在 C 处，用眼睛瞄视着木杆，并随时让木杆前后移动，当站在 C 处的人看到木杆的 A' 端和金字塔的 A 端在

一条直线的时候，便让木杆停止并且固定下来。这时，三角形 $CB'A'$ 和三角形 CBA 形成了直角三角形。当然，这两个直角三角形是相似三角形。也就是说，三角形 $CB'A'$ 和三角形 CBA 是相似三角形。金字塔 AB 的高度虽然无法测量，但是，CB'、CB 的距离以及木杆 $A'B'$ 的高度都可以用尺子或其他工具测量。这样，就可以根据相似三角形边成比例的定理，求出 AB 的高度，也就是金字塔的高度。具体用下面的数学式子来计算。

因为三角形 $CB'A'$ 与三角形 CBA 相似，

所以 $\frac{A'B'}{AB}=\frac{CB'}{CB}$，

那么 $AB=\frac{A'B'\times CB}{CB'}$，

假设测量出 $A'B'$、CB'、CB 的数值分别是 4 米、8 米、16 米，那么，根据上述数学计算公式就可以计算出 AB 的高度是：$\frac{4\times16}{8}=8$ 米。

实际上，金字塔是很高的，根据现代实际数学计算结果知道，金字塔的实际高度有 146.5 米！

当你看到上述运算过程可能会感到这是一个非常简单的数学题，计算起来也很简单。然而，要知道，希帕蒂娅所在的时代是距今近 2000 多年以前的奴隶社会时代，在那时，科学技术同现代相比还很落后，宗教神学思想横行、霸道。希帕蒂娅在这样的时代里，能够排除神学的束缚，认真钻研数学，并在 10 岁时，就能用数学来解决这样大的难题，是一件很不容易、很伟大的事情。在今天的 10 岁少年朋友中，有的还不愿意学习，更不愿意动脑筋，只想玩，不肯刻苦努力。这与希帕蒂娅相比，差距多么大啊！生长在奴隶社会的希帕蒂娅能够发现测量金字塔的方法，生长在社会

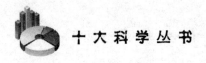

主义新中国的少年朋友们难道就不能做出赶上或超过希帕蒂娅的成绩来吗?

“我只愿嫁给真理”

俗话说,“男大当婚,女大当嫁”。随着年龄的增大,希帕蒂娅已经成为风华正茂、美丽而才华横溢的青春少女了。她的父母看到逐渐长大成人的女儿,就开始劝她出嫁:“孩子,你现在已经是大姑娘了,不能只是埋头钻研数学,也应该考虑自己将来的终身大事了。”希帕蒂娅听后,只是笑笑回答说:“爸爸、妈妈,我还小呢!还有许多许多数学难题还没有解决,等到我把它们解答完了以后,再考虑个人的事。”他的父亲听罢笑了,说:“傻姑娘,科学是无止境的,数学问题很多,你一辈子也解决不完。难道你一辈子只解决数学难题,就不出嫁了?”希帕蒂娅听后笑着故意说:“对,爸爸,解决不完数学问题,我就一辈子不嫁人!”

希帕蒂娅的才华和容貌吸引了当时在她周围的许多豪门贵族子弟,他们纷纷主动上门向希帕蒂娅求婚。这些青年整天只知道游山玩水,碌碌无为,不求努力和上进。希帕蒂娅根本不把他们的求婚当成一回事,只是埋头学习,钻研数学。她想,现在自己还年轻,精力充沛旺盛,正是埋头钻研数学的黄金时代,不能沉溺于爱情之中,玩物丧志,应当把自己所有的爱全部奉献给科学,奉献给真理。

希帕蒂娅是这样想的,更是这样做的。她认真阅读了以前一些大数学家的著作,例如,数学家欧几里德的几何学著作《几何原本》,数学家、物理学家阿基米德的立体几何学著作《论球和圆柱》，解析几何学家阿波罗尼斯的解析几何学著作《圆锥曲线论》等。通过学习，大大丰富了她的数学基础知识。不仅如此，希帕蒂娅还广泛阅读了哲学、文学和天文学著作，进一步扩展了知识领域，为她以后从事数学研究打下了坚实的基础。

神秘而广阔的数学世界，深深地吸引着希帕蒂娅，她整日在数学的海洋中自由地游动着，甚至几乎忘记了周围的一切，更忘记了自己的婚事。她的父母看着女儿像着了魔似的学习和研究数学，心里非常着急，经常劝告她不要只想着数学，要考虑自己的终身大事。希帕蒂娅周围的人，特别是一些青年人对她的行为很不理解，有的青年向希帕蒂娅问道："你这样整天学习、钻研数学到底为了什么？难道你一辈子就不嫁人吗？"希帕蒂娅听罢笑着说："我研究数学是为了发展科学，追求真理。因为科学能使人聪明，摆脱宗教神学的愚弄和欺骗，真理能使人战胜邪恶，给人类带来光明和幸福。我是要嫁人的，但我决不嫁给那些用宗教神学欺骗百姓的小人，决不嫁给那些只会贪图享乐，自私自利，没有追求和理想的碌碌无为之徒，我只愿嫁给一个人，他的名字叫真理。"

希帕蒂娅献身科学与真理的精神，成为她以后更加刻苦学习、钻研数学的强大动力。在以后的数学研究过程中，希帕蒂娅不仅研究数学，而且还向群众普及数学知识，用数学向人们宣传科学真理，批判宗教神学的反动理论，勇敢地投入到反对宗教、神学，发展科学真理的伟大斗争实践中去。

维护真理　战胜迷信

在古代希腊社会里，科学被笼罩在宗教神学的乌云之中。当时的人们大多数都受到哲学特别是宗教神学的教育，很少受到科学教育。人们对数学知识还很不了解。希帕蒂娅深深地感到，要使更多的人相信科学和真理，反对宗教神学迷信，只靠自己一个人学习和研究还不行，要进行宣传教育，广泛地普及数学知识，提高广大人民的科学文化素质水平。因此，她便在独自钻研数学的同时，开始从事数学教学工作。

当希帕蒂娅把她的想法告诉她的父亲西翁的时候，她的父亲很支持她的想法和做法。于是，在西翁的帮助下，希帕蒂娅便来到了她父亲工作过的亚历山大里城博学园，当了一名教师，讲授数学知识。在教学过程中，为了让学生们能够更快更好地学习、掌握数学知识，特别是以往的一些数学家所创造的数学理论，希帕蒂娅自己撰写了一本通俗易懂，深入浅出，便于学生掌握和理解的数学教科书。在书中，希帕蒂娅对数学家丢番图的《算术》和数学家阿波罗尼斯的《圆锥曲线论》等著作中的代数、椭圆、抛物线、双曲线等数学理论都进行了解释，从而使得学生能够迅速地理解和掌握这些数学知识，进一步提高学习效率。由于希帕蒂娅知识渊博，教学方法得当，所以很受学生的欢迎。不仅国内学生来听她讲课，而且许多国外学生也从很远的地方来听她讲课。希帕蒂娅成了一名远近闻名的数学教师。

除了讲授数学知识，希帕蒂娅还在博学园里参加了由她父亲西翁主持的各种学术讨论会。在讨论会上，希帕蒂娅一边宣传自己的数学理论和思想，一边对宗教迷信谬误进行批判。她说："宗教神学都是骗人的，人们以前相信它们，是因为对许多现象还不了解。科学是在实践中所获得的理论，科学能为人们解释那些不知道的自然现象。宗教神学是谬论，迷信更是骗人的，只有科学才是真理，只有真理才能给人们带来幸福。""把迷信当做真理是一件十分可怕的事情，人们必须维护真理而战胜迷信。”

希帕蒂娅的话使在场的许多人受到了教育，他们都愿意和希帕蒂娅在一起探讨科学和真理，希帕蒂娅更愿意把自己所掌握的数学知识传授给他们。在共同的学习与交流过程中，希帕蒂娅已同他们结成了好朋友。她也由此成为当时有名的女数学家。

为了更好地传播数学思想，批判宗教神学，希帕蒂娅阅读了当时希腊许多哲学家的著作。在学习过程中，希帕蒂娅注重把数学与哲学结合起来，以便用数学来批判宗教神学。

希帕蒂娅用自己渊博的科学知识、正义的思想，以及鲜明的立场和观点维护了科学，战胜了迷信，赢得许多人的拥护，同时也引起了宗教反动势力的恐慌。正当希帕蒂娅以旺盛的精力进行教学和研究数学的时候，一场巨大的灾难降临到了她的头上，宗教反动势力的魔爪已经开始伸向这位才华横溢的女数学家了。

惨遭杀害　千古悲歌

希帕蒂娅所处的时代，是被基督教统治的黑暗时代。在这个时代里，技术虽然有了较大的发展，然而科学却遭到宗教反动势力的攻击。因为科学理论、科学思想是和真理紧密相联，而与宗教神学谬论背道而驰的。如果科学、真理得到传播与发展，就会有更多的人相信科学和真理，而不相信宗教神学谬论，这样就会严重威胁宗教神学的反动统治。因此，宗教神学统治者大肆宣扬宗教神学谬论，强迫人们相信它，而对那些坚持科学真理，怀疑宗教的人，他们便进行恶毒地攻击和残酷地迫害。希帕蒂娅就成了他们攻击与迫害的主要对象。

希帕蒂娅热心研究数学，从一开始就遭到那些宗教信徒的讽刺与攻击。他们四处散布言论，胡说什么，“一个女孩子不好好在家里待着，研究什么数学，真是不知羞耻，能有什么出息?”当他们得知希帕蒂娅拒绝许多求婚者，终生不嫁人，而“只愿嫁给真理”的时候，便对她进行了恶毒地攻击：“女人嫁给丈夫，生子传宗接代，这是天经地义的事，希帕蒂娅一辈子研究什么异教科学，不嫁人，还说嫁给不是人的魔鬼真理，真是疯了，这是大逆不道！是会受到上帝惩罚的！上帝创造女人的目的，不是让她研究什么科学，而是让她传宗接代的。希帕帝娅背叛上帝的意志，是不会得到好下场的!”一些不明真相，对科学愚昧无知的人也跟着一起攻击希帕蒂娅。他们一方面四处造谣，一方面聚集在一起，在希帕蒂娅讲课的课堂上和进行学术演讲的会议室里捣乱，企图阻止她的科学传播活动。

面对宗教反动势力的恶毒攻击，希帕蒂娅不是畏惧，相反，这更加坚定了她用科学与真理战胜宗教神学与邪恶的信心与决心。不论在课堂上还是在公众面前，希帕蒂娅都用科学真理无情地揭露和驳斥反动教会的黑暗与虚伪。她说：“没有根据地胡说八道，是永远站不住脚的，而愚蠢地对人进行人身攻击，也只能说明他自己的虚伪与丑恶。科学和真理要求人们自觉自愿地承认它，研究它，坚持它，因为它代表着真的、善的、美的；宗教神学强迫人们相信它，尊崇它，当它的奴隶，但终究会被人们看出它的反动本质，因为它代表着假的、恶的、丑的。追求真善美，废除假丑恶，给人们带来幸福和光明，这是我研究发展科学、坚持发展真理的目的。任何人，任何反动势力都休想阻挠我追求科学、坚持真理的自由。阻挠科学发展的人都将落得失败的结局!”

希帕蒂娅的一番话，说出了她对宗教神学反动势力的愤恨和对科学真理的崇拜与追求。一些正直的学者和社会人士都称赞希帕蒂娅的才华和品格，与她结下了深厚的友谊。他们经常前来拜访希帕蒂娅，和她一起研究数学，探讨科学和真理。在希帕蒂娅的努力下，许多人纷纷聚集在她的周围，科学的力量也随之逐渐发展壮大起来。

希帕蒂娅的理论学说，在基督教徒中也产生了很大影响。那些原来对科学无知，被迫信仰宗教神学的教徒们，在听到希帕蒂娅的讲授与传播数学以后，便纷纷弃暗投明，加入到科学的队伍中来，宗教势力也随之逐渐减弱了。

希帕蒂娅的科学活动与影响引起了基督教廷的恐慌。他们把希帕蒂娅的数学与哲学看成是“异教邪说”，便阴谋残害希帕蒂娅。

公元 412 年，宗教徒、阴谋家西里尔当上了亚历山大里亚基督教的大主教，他大肆宣扬科学是“异教邪说”，施行各种诡计排斥信仰科学的异己分子。当时，亚历山大里亚城的行政长官名叫奥伦茨，他经常听希帕蒂娅讲课或者是演讲，逐渐对科学产生了兴趣，也很佩服希帕蒂娅的才华和品格，他经常前来拜访希帕蒂娅，向她请教许多数学科学的问题和一些对各种事务的处理意见。渐渐地，他们两人有了共同的信仰和友谊。当西里尔知道这件事以后，便感到，希帕蒂娅的存在已经严重威胁了宗教教会的反动统治。于是他便在教会里四处叫嚣道：“希帕蒂娅是一个危险的异教徒，她的数学理论是典型的异教邪说，如果不铲除希帕蒂娅这个女异教徒，禁止她的异教邪说的传播，那么，基督教就会受到极坏的影响。”于是，在西里尔的组织下，一场阴谋杀害希帕蒂娅的恶毒计划便开始实施了。

公元 415 年 3 月的一天，希帕蒂娅坐着马车去研究院讲课。当马车行到一个教堂门口的时候，由西里尔事先组织的一群暴徒，

“呼”的一声迎面把马车拦住。希帕蒂娅大喊一声：“住手，你们想干什么?”“我们正是来抓你的。”说着，他们不由分说便野蛮地把希帕蒂娅从马车上拉下来，拖进了教堂。于是，一场惨无人道地暴行开始了。

西里尔来到希帕蒂娅面前，向她狂叫道：“希帕蒂娅，你这个女异教徒，整天散布异教邪说，犯下了大罪，如果你不改变你的做法和思想，就会受到上帝的严厉惩罚。”希帕蒂娅毫无畏惧，大声说道：“你们强迫人们信仰基督教，欺骗人们，你们才是犯罪，受到惩罚的应该是你们!”西里尔听罢暴跳如雷，大声命令道：“快！把这个女异教徒杀死!”一位才华横溢，对数学做出巨大贡献的女数学家就这样被宗教反动势力、野蛮、残忍、无情地杀害，悲惨地离开了人间！少年朋友们，你们看，宗教反动统治者是多么的残暴啊！他们是一群披着人皮的豺狼。

当希帕蒂娅的朋友，亚历山大里亚城行政长官奥伦茨知道希帕蒂娅被害的消息之后，万分悲痛。他一面严厉惩办了杀害希帕蒂娅的凶手，一面上书给罗马教廷，要求调查，惩办这一阴谋暗杀活动的策划者西里尔。西里尔便竭力制造谣言，说什么奥伦茨是异教徒，恶毒攻击、迫害奥伦茨。罗马教廷为了维护基督教的威严，便故意拖延对这个事件的调查。奥伦茨没有办法，被迫离开了亚里山大里亚城，流亡到国外去了。后来，罗马教廷竟然宣布说：“希帕蒂娅被害一案查无实据，据传希帕蒂娅在雅典，并没有发生任何悲剧。”就这样，一桩骇人听闻的暴行事件，在西里尔和罗马教廷的相互勾结下销声匿迹了。杀害希帕蒂娅的主谋凶手西里尔竟然逍遥法外，没有受到应有的惩罚。这是一个多么黑暗的社会啊!

宗教神学胡说什么，上帝为人类造福，信仰宗教，死后就会上天堂。这些纯粹是骗人的鬼话！他们要人们信奉宗教，为的是让人们服从他们的统治。希帕蒂娅信仰科学，坚持真理，揭穿了他们虚伪、狰狞的丑恶本质，自然遭到他们的攻击和迫害。在后面我们要谈到的物理学家伽利略，天文学家哥白尼、布鲁诺，医学家、生理学家维萨里、塞尔维特等人都是因为研究发展科学，坚持和维护真理，反对宗教神学，而惨遭宗教反动势力的迫害甚至被杀害的。在宗教神学统治的黑暗年代里，要相信科学、坚持真理，就要与那些宗教神学反动势力进行顽强的、不屈不挠的斗争。

“要奋斗就会有牺牲。”要研究发展科学，就要有为科学为真理甘愿献身的英勇无畏的精神和胆量。希帕蒂娅敢于冲破宗教神学的桎梏，追求科学真理，而遭到宗教反动势力残暴地杀害。宗教的屠刀和火刑虽然残害了数学家的躯体，但绝不能泯灭她的革命精神和科学真理的光辉。也绝不能阻碍科学前进的步伐，相反却会被科学真理的车轮碾得粉身碎骨。希帕蒂娅为科学而死，为真理而死，“死得重于泰山”！她那钻研数学的才华，以及为科学而献身的无畏精神和高尚品格将会永远激励后人沿着她的足迹奋勇前进！

今天，科学已经告别过去黑暗的时代，冲破宗教神学反动势力的束缚，迎来了阳光明媚、百花齐放、百家争鸣的春天。这是千百万个像希帕蒂娅这样的科学家前赴后继、热血奋斗的结果。少年朋友们要珍惜今天的幸福时刻，好好学习，天天向上。当你们在学习过程中遇到困难的时候，如果把这些困难和女数学家希帕蒂娅惨遭杀害的遭遇相比较一下，就会发现，你们所遇到的这些困难是多么微不足道啊！希帕蒂娅能够在宗教神学统治的黑暗年代里，坚持不懈地学习、研究数学，发展科学，坚持真理，难道生长在社会主义新中国的少年儿童就被眼前这些小小的困难吓倒了吗？

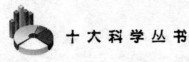

应当懂得，温室里的鲜花经受不住暴风雨的考验，只有敢于搏击风浪的海燕才能在惊涛骇浪的海面上展翅飞翔！只有在科学的山路上敢于克服困难、努力攀登的人，才能有希望到达光辉的顶点，才能摘取到科学的皇冠！“书山有路勤为径，学海无涯苦作舟。”新一代的中国少年儿童只要认真学习，刻苦努力，长大以后，一定能够成为一名为祖国为人民建功立业的有用人才！

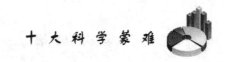

长期受宗教神学禁锢的近代天文学理论——哥白尼“日心说”

一年四季，春夏秋冬，周而复始，岁岁如此。早晨，旭日东升，朝霞灿烂；傍晚，太阳落山，一片夕阳红。少年朋友们，你们知道

哥白尼

这是为什么吗？许多少年朋友都知道，这是地球围绕太阳进行公转，同时又进行自转的结果。是否还有小朋友至今仍然错误地认为这是太阳围绕地球转动的结果呢？要知道，上述两种说法在距今很远的古代和近代都存在。波兰伟大的天文学家哥白尼经过认真观察，刻苦努力，终于在 1543 年正式发表了他的“日心说”理论，否定了“地心说”谬论，做出了太阳是宇宙的中心、地球围绕太阳转动的科学论断，推动了天文学的向前发展。然而，少年朋友知道吗，哥白尼为了完成上述理论，经历了重重艰难险阻，献出了自己毕生的精力和生命。

好奇好问　太阳因何“从太空中转过”

1473 年 2 月 19 日，哥白尼出生在波兰维斯杜拉河畔的一个叫做“托伦”的城市里。他的父母是从事经营面包的商人，家庭条件很普通，这就培养出了哥白尼吃苦耐劳的性格。

哥白尼生活的时代正是欧洲处于从封建社会向资本主义社会过渡的社会大变革时期。当我国处于隋朝特别是唐朝鼎盛时期的时候，欧洲却处于黑暗落后的封建中世纪时代。当时，整个社会都笼罩着宗教神学的迷雾。封建统治阶级为了巩固自己的统治地位，大肆宣传基督教神学，胡说自己是上帝的代表，强迫劳动人民老老实实地服从上帝的安排，接受他们的统治。如果有人不相信上帝的存在，那么，教徒们就对他们进行恶毒地攻击和残酷地迫害，直至让他们屈服。在当时，科学被禁锢在神学之中，成为神学的奴隶。

以后，随着资本主义的兴起，资产阶级打垮了封建贵族的势力，建立了资产阶级的新政权。在这期间，欧洲开展了推翻封建反动统治的“文艺复兴”和“宗教改革”运动，打破了封建神学桎梏，使得人们能够“从阿拉伯人那里吸收过来，并从新发现的希腊哲学那里得到营养的明快的自由思想”，用它来推动科学走向独立和发展。出现了像达·芬奇这样“在思维能力、热情和性格方面，在多才多艺和学识渊博方面的巨人”。哥白尼就是出生在这个新旧交替时代而且是推动这个时代发展的科学巨人。他之所以能够成为“巨人”，和他在少年时代所养成的勤学好问，善于思考的精神是分不开的。

少年时代的哥白尼对他周围的所有事物及其现象都很好奇。他经常向父母或其他大人询问，例如，他看到太阳在早晨升起，到傍晚落下，月亮和星星却与太阳相反，晚上出现在深蓝色的夜空中，天亮时却无声无影地消失了。而且，太阳、月亮和星星都在不停地有规律地运动，而不是静止不动。为什么它们能够“从太空中转过”呢？究竟是谁在运动？是它们围绕地球转动呢，还是地球围绕它们转动呢？这些问题都深深地刻印在小哥白尼的脑子里。他自己想不明白，就去问他的爸爸妈妈。但他的父母整日为经商维持生计而奔波劳苦，又受到基督教神学思想的影响，所以，他们只是用神学理论来回答：“是因为上帝让它们围绕地球旋转。地球是宇宙的中心。”“那么，上帝在哪里呢？上帝为什么不让地球转动，却偏让它们转动呢？”“我们也说不清楚，孩子，你可以去请教你的舅父，他也许会告诉你更清楚一些。”于是，在父母的引导下，小哥白尼去向他的舅父、学识渊博的路加·瓦西罗德主教请教。他的舅父非常喜欢这个聪明伶俐、勤学好问、善于思考的少年。他对哥白尼说：“孩子，你提的这个问题很好。为了回答这个问题，你要先看一些有关天文学方面的书，看完以后，你会明白的。”他的舅父原以为小哥白尼看完这些书后，能够准确理解神学思想和上帝的意图就很不错了。但他没有想到，哥白尼在以后的学习与研究中，能够做出惊天动地的壮举。

10岁时，哥白尼的父亲去世了。小哥白尼很悲痛，从此，他的性格变得内向了，由原来的天真活泼、爱说爱笑变得少言寡语，经常思考问题。舅父为了减少哥白尼心中的悲哀，便把他接到自己的家中，让他看书学习。从此，哥白尼便整日待在舅父的书房中，阅读大量的书籍。其中，不仅有天文学方面的书，还有文学、绘画、雕塑、数学和音乐等方面的书籍。这就大大扩展了哥白尼的视野和知识面，为他以后的学习与研究奠定了坚实的基础。

大胆怀疑　地球果真是宇宙中心吗

少年时代的好奇与遐想以及各种问题所带来的困惑，促使哥白尼继续学习。在托伦中学毕业以后，哥白尼便进入著名的波兰克拉科夫的雅格隆大学学习。在那里，他见到了具有人文主义思想的天文学家勃鲁泽夫斯基。在他的指导下，哥白尼开始深入钻研天文学和数学，同时学习使用天文仪器，积极进行天文观测，以便做到理论联系实际。这时，在意大利开展了一场声势浩大的倡导人文主义、科学主义，反对封建主义、神学思想的“文艺复兴”运动。在这场运动及其进步思想的感召下，哥白尼得到他舅父的支持，先后于1496年和1506年，两次冒着生命危险，长途跋涉，翻越冰雪覆盖、险峻异常的欧洲屋脊阿尔卑斯山，来到意大利的柏伦诺、帕多瓦和斐拉拉等大学学习。在这里，哥白尼真正亲身体验到了文艺复兴运动所带来的思想解放、学术自由的活跃气氛。更主要的是，他在这里有机会直接同意大利文艺复兴运动的杰出人物如达·芬奇、诺瓦拉等思想家、科学家接触与交流。哥白尼从他们那里学到了最新的科学知识和学术思想，从而更加开阔了他的思路。特别是他们科学的天文宇宙观给哥白尼以极大的影响。

在以上各大学里的学习过程中，哥白尼阅读了大量天文学著作。他首先接触到的就是曾经统治欧洲1000多年的天文学理论——托勒密的地球中心说。托勒密是公元2世纪时，亚历山大里亚城的一位天文学家。他继承并总结了古希腊唯心主义哲学家所主张的关于地球是宇宙中心的天文学理论，撰写了一部13卷的天文学著作《天文集》。在这部著作中，托勒密用数学方法详细论证了宇宙结构，提出了地球是宇宙中心的学说。

托勒密的地球中心学说是这样说的：地球位于宇宙的中心，它既不自己转动，也不围绕太阳转动。就是说，地球既不自转，也不公转。相反，太阳、月亮还有其他星星都围绕地球旋转。天上共有九层，按顺序排列分别是：月球、水星、金星、太阳、火星、木星、土星、恒星、第九层。第九层是“最高天”，也就是上帝或神灵居住的天堂。托勒密的上述宇宙观念和基督教神学的宇宙观念是相同的。基督教神学认为，上帝按照自己的形象创造了人，并且把人放在宇宙的中心——地球上；宇宙中的一切事物，包括日、月、星辰都是上帝创造的；上帝让日、月、星辰围绕着地球旋转，就是为了给人类带来光明。所以，人类应当感谢上帝的恩赐，应当听从上帝的安排，否则，如果触怒上帝就会给人类带来黑暗和痛苦。可见，托勒密的“地心说”正好符合基督教神学的上述谬论，二者一拍即合。因此，那些舞文弄墨的基督教神学家们为了使他们的谬论更有根据和说服力，更能欺骗和愚弄百姓，就大作文章把托勒密的“地心说”与基督教教义结合起来，企图让托勒密的“地心说”成为基督教神学宇宙观的理论基础，成为他们加强和巩固封建神权统治的工具。随着航海和地理大发现，人们发现了许多天文观测事实大都与托勒密的地心说不相符合。但是，由于惧怕宗教神学势力的威胁和迫害，人们不敢怀疑托勒密的地心说。有些天文学家特别是一些神学家，为了使托勒密的地心说与新的事实相符合，他们在托勒密原来的理论基础上又杜撰出了本轮、均轮的理论。这种理论认为，日、月、行星不是简单地围绕地球旋转，而是沿着“本轮”在作匀速圆周运动，本轮的中心又沿着“均轮”作匀速圆周运动（见下图），如果这两个轮子的结合还不能说明行星的运动情况，那就再往上加一个轮子，让这个轮子的中心沿着本轮作匀速运动，而天体在这个新加的轮子上再作匀速运动。如果还不行，那就再往上加一个轮子，直到能够说明事实为止。这样，就把行星运动分解成一组以地球为中心的本轮，均轮群。到哥白尼时代，“本轮”、“均轮”的总数已经达到80多个。这样一来，天体位置的推算工作变得越来越复杂，所得出的结果也离实际越来越远。

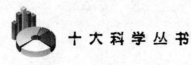

哥白尼在学习托勒密的地心说理论以后，没有盲目地崇信它，而是认真地思考。他想，星星、太阳、月亮为什么都围绕地球旋转呢？为什么地球不旋转呢？加入那么多的“本轮”和“均轮”，能够

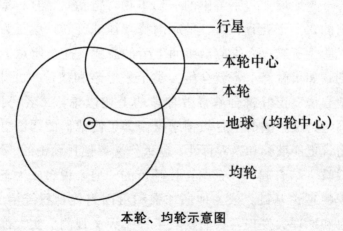

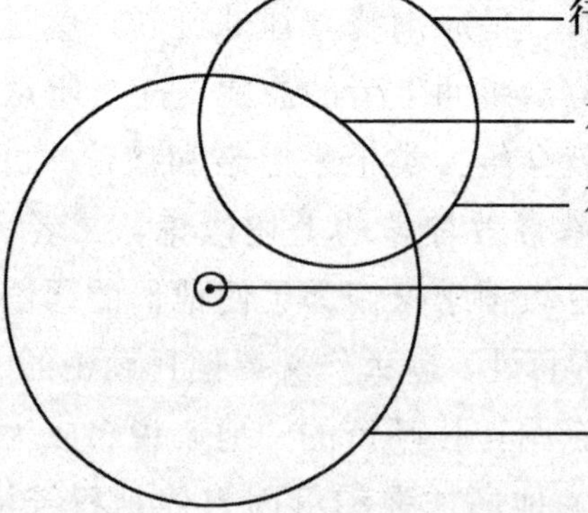

本轮、均轮示意图

完全解决问题吗？难道地球果真是宇宙的中心吗？他想继续搞清楚这个难题。特别是当他看到那些基督教神学统治者把托勒密的地心说捧上天，逼迫人们相信地心说，并且残酷迫害怀疑地心说的人的时候，更激起他对封建统治者的愤怒和不满。因为他知道，只要是科学真理，自然会得到众多人的自觉承认和拥护，而不需要用强硬、残暴的手段逼迫人们屈服和承认，另外，哥白尼本来就怀疑上帝的存在以及上帝让太阳、月亮等天体围绕地球旋转的说法。

于是，哥白尼便去和波洛尼亚大学天文学家多美尼哥·迪、诺瓦拉一起讨论托勒密的地心说。当他得知诺瓦拉教授也对托勒密理论表示怀疑的时候，很受鼓舞，更增添了他继续研究天体运动规律的信心和决心。

一天夜晚，哥白尼亲自观测天体。他把观测到的数据和计算结果与托勒密在他的《天文集》一书中所记载的结果相对照，他惊奇地发现，二者差距很大。为什么有这样大的差距呢？哥白尼百思不得其解，为此，他心中十分焦虑。天一亮，他带着观测数据和测量结果迫不及待地去找诺瓦拉教授请教："先生，托勒密在《天文集》中说，月亮与地球之间的距离，在满月时，要比上下弦时远一倍。可是，昨天晚上我实际观测的结果却不是这样。这是为什么呢？""很好！孩子。困扰从不拜访懒汉，它喜欢勤于思考的人。"诺瓦拉赞赏道。说着，诺瓦拉又重新检查了哥白尼观测和计算的结果，便对哥白尼说："你观测和计算的结果都不错！应该独立研究，不要盲目地相信书本。托勒密的地心说已经存在1000多年了，而且很受基督教统治者的宠爱。要怀疑甚至推翻托勒密的理论，重新构造新的宇宙结构，这不仅需要坚强的毅力，而且需要有勇气和胆量。"老师的话使哥白尼很受鼓舞。他坚定地回答说："请放心，先生，我要尊重事实，修正和发展一切不合乎事实的旧理论。"

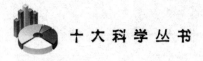

然而，当哥白尼把自己的怀疑和想法告诉给他的舅父的时候，这位基督教徒却冷冷地对哥白尼说道：“照你这么说，你认为托勒密理论是错的了?”“是的，舅舅。”哥白尼肯定地答道，“如果按照托勒密理论的说法，很难解释行星的运行有时向前，有时向后，星星的亮度有时会发生很大变化这些客观事实。所以，我怀疑托勒密理论可能有问题。”他的舅父听罢，很感吃惊。他对哥白尼说：“托勒密学说符合圣经，你如果认为托勒密理论是错误的，那么，你将被认为触犯圣经，是违背圣经的异端分子，是要被杀头的!”哥白尼听罢，不仅没有被吓住，反而坚定地说：“科学家的天职就是勇于探索真理，坚持真理。我的怀疑是有根据的，我要继续研究，任何力量都休想阻挡我的研究!”对科学真理的追求，使哥白尼产生了强大的动力。他勇敢而坚定地踏上了重建宇宙结构体系的充满荆棘和坎坷的科学探索之路。

愚蠢者讽刺　哥白尼是“发疯的牧师”

为了进一步观测和研究天文学，哥白尼放弃了罗马大学让他当教授的优厚待遇，回到了波兰，在弗劳恩堡村当了一名牧师。在这里，哥白尼为穷人治病，制造水车，进行历法改革，成为“第一个发现一年的准确长度的人”。除此之外，哥白尼把全部精力都投入到了天文学研究。为了观测天体，他在教堂的箭楼上建立了一座小小的天文台。他用自制简陋的天文仪器观察天体，不管白天黑夜还是春夏秋冬，哥白尼持续不断地对天体进行精确、科学地观测，并用所观测到的结果进一步创立和验证自己的学说。

哥白尼的科学研究引起了那些迷信神学、反对科学的人的强烈不满。当他们听说哥白尼在观测天象，想检验地球中心理论的真伪的时候，便雇佣了一帮爪牙，在哥白尼周围的各个村庄里兜来兜去，大肆丑化哥白尼的天文学研究。他们叫喊道："地心说完全符合上帝的安排和神的意志，这已无可争辩。哥白尼居然敢提出怀疑，这是违背上帝的意愿，是大逆不道的！"不仅如此，为了扩充他们的实力，这帮小丑们还欺骗、招集了一些对科学一无所知的群众围攻哥白尼。他们指着正在移动的太阳和感觉不动的大地对这些群众说道："你们看吧！太阳东升西落，年年如此，大地不动，这些现象是连傻子也会看得清楚的！可是，哥白尼竟然不相信这些，还提出疑问，他真是疯子和傻子。你们看到了没有，哥白尼是个发疯的牧师！""哥白尼居然敢说大地在动，而太阳不动，这真是岂有此理！不可思议！""哥白尼必须停止那些违背圣经、发疯失常的举动，否则，将会受到上帝的惩罚！"

面对这些小丑们的荒诞不经的指控，恶毒的讽刺，以及恶意的阻挠与迫害，哥白尼的朋友们纷纷要求哥白尼去同他们论战，以打消他们的嚣张气焰。但是，哥白尼却镇定自若，对此只是报以冷笑。哥白尼充满自信地对他的朋友说："真理是任何讽刺和攻击都阻挡不了的。天地的运行丝毫不会因为这些笨蛋们的嘲弄或尊敬而受到影响。"

沉默同呐喊一样具有威力，因为沉默里蕴藏着极大的能量。哥白尼以沉默的方式与宗教神学进行抗争，这更加暴露出宗教神学的反动本质，更能引起人们对天文学研究的重视和支持。宗教神学的攻击并没有动摇哥白尼继续研究的决心，反而更加坚定了他重建天文学理论的信心。哥白尼的研究引起了宗教神学统治者们的恐慌，这充分说明，他的研究严重地打击了神学谬论，说明他的研究具有很高的学术价值和很大的社会推动力。哥白尼相信自己不是"在沉

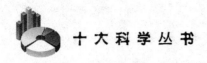

默中灭亡”，而是“在沉默中爆发”，在沉默中前进。他要仔细观测，认真研究，积存最后战胜邪恶的能量，向传统旧的地心说宣战，向宗教神学宣战，推动天文学向前发展。沉默也不是任何人都能做得到的，它需要有清醒、理智的头脑，持续不减的耐力，以及坚韧不拔、不屈不挠的精神。沉默而不颓废，沉默而不丧失斗志，却能在沉默中继续奋斗。敢于战胜沉默去争取胜利，只有这样，才能最终获得胜利。少年朋友们在走向社会和人生之前，应当好好思考，认真学习，学会具备这一素质，以便为今后克服困难，为祖国建功立业打下基础。

“哥白尼造反了”　否定“地心说”　创立“日心说”

在以沉默同宗教神学进行斗争的过程中，哥白尼不仅持续地进行天文观测，而且还阅读了大量希腊哲学著作。他惊奇地发现，在古希腊哲学家们中间，除了有像亚里士多德等人主张地球是宇宙中心以外，还有许多像毕达哥拉斯、阿利斯塔克、赫拉克利特、德谟克利特这样的哲学家都认为，地球是以太阳为中心进行转动的。他们各自还建立了许多有关地球运动的宇宙结构模型，这使哥白尼受到很大的启发，也为他建立日心说打下了理论基础。

“哥白尼造反了”。他经过长期的观测、推算和研究，终于完成了他的新的“日心说”理论，正式全面地向统治人们思想长达1000多年的托勒密地心说宣战。哥白尼的“日心说”理论的主要内容有以下几个方面。

1. 太阳是宇宙的中心，行星都围绕太阳转动。地球不是宇宙中心。就是说，太阳系里所有的行星都有同一个旋转中心，这个中心不是地球而是太阳。

2. 地球不是静止的，而是运动的。哥白尼认为，地球带着月球一起在它自己的轨道上围绕太阳进行旋转，这是地球的公转，一年绕太阳转一周，从而使地球上有春夏秋冬的气候变化。与此同时，地球还围绕自己的轴心自西向东进行自转，从而使人们看到太阳和行星东升西落，并且有白天黑夜之分。

3. 月球是地球的卫星，它以地球为中心进行旋转。地球是月球的旋转中心。

4. 行星都在太阳系里，以太阳为中心，在距离太阳由远及近的轨道上旋转。它们分别是：离太阳最远的是土星（当时尚未发现天王星、海王星和冥王星），每隔 30 年绕太阳转动一周；其次是木星，12 年绕太阳旋转一周；第三是火星，2 年绕太阳旋转一周；第四是地球，每隔 1 年绕太阳旋转一周；第五是金星，9 个月绕太阳旋转一周；离太阳最近的是水星，80 天绕太阳旋转一周。

现在看来，哥白尼的上述理论并不完全正确。例如，现代天文学研究表明，哥白尼所说的宇宙只是整个太阳系，太阳只是太阳系这个小宇宙的中心，并不是整个大宇宙的中心，事实上，太阳也不是静止不动的，也是运动的。尽管如此，哥白尼在那个时代里能够做出这么大的发现，而且敢于向地心说、向宗教神学宣战，这已经是很不容易、很不简单的一项壮举了！

之所以说他很不容易，那是因为哥白尼是在设备简陋的情况下，特别是在承受宗教神学恶毒地讽刺、攻击的巨大压力和残酷迫害下独立观测、研究和创立日心说理论的。

之所以说他很不简单，那是因为哥白尼能在神学宗教势力笼罩当时整个社会的情况下，敢于向地心说、向神学宗教说提出疑问，并用科学的理论和事实否认地心说旧理论，建立了日心说新理论，敢

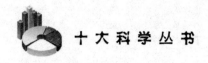

于向自然事物方面的教会权威挑战，抨击封建教会的谬论。把自然科学从神学中解放出来，掀起了近代科学革命的高潮，从而推动了科学的迅速发展。所以，从这一点上看，哥白尼的确“造反”了，推翻了神学，解放和发展了科学。他要向世界宣布：“地球并不是我们从中坐观巡天星宿的、静止不动的监牢，而是一驾旋转飞驰的战车，我们可以乘着它对无边无际的太空进行探索。”

倍受宗教神学的禁锢

如果一种学说或一种理论在一定的历史条件下，符合当时的社会环境以及人们心理的普遍需要，那么，它就会在短时间内立刻受到人们的欢迎，并且接受它，传播它，从而使它在社会中产生强烈的影响。达尔文进化论传入到中国，就是因为它满足当时深处内忧外患状态的近代中国人的普遍心理需求，所以它很快被人们所接受，并且积极传播它，使它在近代中国社会中产生很大的影响，曾先后掀起过三次传播进化论的高潮。

如果一种学说理论落后于时代，那么，它当然被人们所抛弃。如果它超前于当时的社会，那么，它要么不被众人理解，要么被人们所遗忘。例如，康德创立星云假说，孟德尔创立遗传定律就因为被人们遗忘或冷落而被长期埋没。同样，哥白尼所创立的“日心说”理论就是因为它超前于那个时代，反对托勒密的“地心说”，更反对当时封建社会的宗教神学，倡导科学，坚持真理，而遭到封建教会的桎梏与禁锢。

哥白尼经过长期的天文观测研究，经受了宗教神学统治者的攻击与迫害，提出了日心说新理论，否定了托勒密的地球中心说旧理论，写出了划时代的天文学著作《天体运行论》。然而，他并没有马上联系出版社出版这部著作，而是一直踌躇不决，不肯将它公布于世。他想像古希腊著名哲学家毕达哥拉斯等人那样，“只用口而不用文字来传播”自己的理论。他只想把自己的成果传给“那些聪明才智足以了解这些成果的人们”。他认为这样做才明智。就这样，哥白尼把这部著作整整放在家里搁了36年。在此期间，他只是把这部著作的中心思想写成一个提纲寄给了他的朋友们，以便让他们讨论。

到了1539年，德国青年数学家雷蒂卡斯得知哥白尼创立太阳中心学说的消息以后，不远千里专程前来向哥白尼求教，并且热情地介绍哥白尼的思想，而且他还不断地催促哥白尼公开发表自己的著作。直到1543年7月24日，哥白尼病情加重，久卧病榻上奄奄一息，这个时候，他的这部著作才得到公开出版问世。当时，他只是用冰冷的手抚摸了一下这部著作以后就与世长辞了。

说到这里，也许有的少年朋友会提出疑问：哥白尼为什么不马上出版他的著作呢？为什么还要犹豫等待30多年后才公开发表他的著作呢？这个问题提得很好。答案有以下几方面：

第一，哥白尼所要研究的问题是一个需要相当长的时间才能完成的问题，是一个远离地球的广阔无边的宇宙问题，更主要的是，在哥白尼研究太阳、月亮、地球等天体存在方式及其运动规律之前，很多哲学家、天文学家特别是托勒密早已创立了地心说，这个天文学理论已经很成熟了，它已经受到了当时的宗教统治者以及大部分国民的承认和接受。哥白尼在实际观测、研究过程中，发现托勒密的地心说有问题，地心说与天文观测的事实不符合。于是，他经过艰苦地研究，创立了与托勒密地心说截然相反的日心说新理论。因此，哥白尼感到应当对这个新理论进行反复论证，使它真正成为一个科学理论，如果贸然草率地出版问世，会导致不良的后果。这是一个伟大的科学家对科学研究所具有的严肃认真的态度和求实、求真、求善、求美的负责精神。

第二，由于托勒密的地心说符合宗教神学统治者的心愿，他们把地球中心说说成是上帝的学说，逼迫人们相信，并对反对者进行攻击和迫害。哥白尼敢于根据科学事实，向地心说提出疑问，并且，他要决心继续研究天体运动规律，因此，他受到了宗教神学者的讽刺、谩骂、围攻，此外，他还受到了一些不懂得科学的群众的冷遇。这使得哥白尼在精神和肉体上受到了残酷的打击和迫害。尽管他以沉默的方式、坚强的毅力和必胜的信念顽强地抗争着、研究观测着，但他也深刻地体会到了封建宗教神学反动势力的强大。他深知，他的日心说与地心说完全对立，意味着他与宗教神学反动势力相对立。日心说是一个超前于现实并会遭到封建教会和旧传统势力的反对以及当时许多国民不相信的新理论。这正像哥白尼在他的《天体运行论》一书中的序言里所说的那样："我知道，某些人听到我在《天体运行论》一书中提出的地球运动观念之后，就会大叫大嚷，当即把我哄下台来!""我深深地意识到，由于人们因袭许多世纪以来的传统观念，对于地球居于宇宙中心静止不动的见解深信不疑，所以我把运动归于地球的想法肯定会被他们看成是荒唐的举动。"就连哥白尼的朋友，他的"辩护人"——地方宗教首领泰德曼·吉西乌斯，也在哥白尼这部著作中的序言中，把哥白尼的日心说思想说成是"一套闹着玩儿的幻想"，对哥白尼的伟大发现进行了"可怜而又可鄙的歪曲"，更何况那些地心说以及宗教神学的崇拜者呢？正因为哥白尼考虑到宗教神学的反动势力的打击和压力，所以，他才担心如果马上出版他的著作，那将会遭到攻击和迫害，同时也会使他的学说过早地夭折。哥白尼并不是担心他的天文学著作的出版会危及他个人的生命安全，事实上，哥白尼在怀疑托勒密地心说，并立志研究创立新学说的时候，他就已有为科学而甘愿奉献自己一切的思想准备了。只是哥白尼不愿意让自己的科学理论遭到那些不懂科学、反对科学的宗教神学统治者以及对科学无知的愚蠢者的讽刺和攻击。所以，他宁愿把他的著作放在家里，也不轻易贸然地出版问世。

哥白尼的著作被拖延30多年才得以公开发表，是当时封建宗教神学反动势力桎梏和禁锢的结果。如果哥白尼处于政通人和，“百花齐放，百家争鸣”的当今社会里，他一定会尽快地把他的理论公布于世，人们也会热情地宣传哥白尼的天文学思想，并且，还会共同研究探讨，促进天文学的发展。

尽管哥白尼迟迟拖延了30多年才在他临死的时候出版了他的著作，尽管他小心谨慎，但仍然遭到了宗教神学的攻击。哥白尼的《天体运行论》一书出版以后，立即引起封建教会的极大恐惧。罗马教皇当时就惊慌地说：“如果地球是众行星之一，那么圣经上所说的那些大事件就完全不能够在地面出现了。”于是，他们便纠集一伙帮凶，对哥白尼的学说展开围攻（因为此时哥白尼已经去世了，他们找不到直接迫害的对象），进行疯狂反扑。他们利用手中的权利，把哥白尼的日心说说成是“异端邪说”。罗马教皇竟然在1616年公然宣布《天体运行论》为禁书，严禁继续出版发行，这就使得本来已经被拖延很久的天文学著作又被迫停止传播了。不仅如此，他们还利用各种卑劣手段对哥白尼日心说的支持者和热情传播者进行疯狂的搜捕和残酷的迫害。在后面所要讲的意大利哲学家、天文学家布鲁诺，意大利科学家伽利略以及比利时生理学家维萨里等人就是因为支持和宣传哥白尼的日心说，反对托勒密地心说和宗教神学而被迫害甚至被杀害的。

科学摆脱神学统治，走向独立和发展，不仅需要科学家有严谨、求实的科学精神，更需要有顽强的毅力和不屈不挠、宁死不屈的献

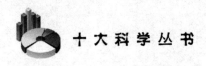

身精神，只有这样，才能最终夺取胜利。这正如马克思所说的那样：“在科学上没有平坦的大道，只有不畏劳苦沿着陡峭山路攀登的人，才有希望达到光辉的顶点。”

惨遭火刑致死的近代天文哲学家——布鲁诺

烈火在熊熊燃烧，吞食着一位科学巨人的躯体；刽子手们正用惊恐的目光注视着他那刚毅不屈的面容特别是那双炯炯有神的眼睛。

这位临死不屈、视死如归的科学斗士，就是伟大的天文哲学家——布鲁诺。他因为维护和传播哥白尼学说，反抗宗教神学而于1600年2月17日不幸被捕，被宗教教徒活活烧死在罗马鲜花广场上。他用自己的天文学哲学思想，特别是用自己的鲜血和生命控诉着封建宗教神学反动势力的黑暗统治，呼唤着更多的人们团结起来，英勇斗争，把科学从宗教神学的牢笼中解放出来，推动科学与文明向前发展。

刻苦自学　崇信哥白尼学说

布鲁诺于1548年出生在意大利那不勒斯附近诺拉城中的一个普通的农民家庭。由于家境贫寒，父母无力供他上学，他更没有机会上大学。布鲁诺自幼就跟随父母劳动，以此来维持生计。贫困的生活，艰苦的劳动培育出布鲁诺吃苦耐劳、勤奋上进的性格。他经常一边干活一边好奇地观察着身边的一些现象：为什么会有白天和黑夜呢？为什

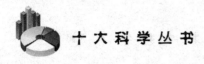

么太阳朝出暮落，月亮却早落晚出呢？到底是太阳运动还是地球运动呢？这一切都引起布鲁诺的好奇和沉思。他经常缠着他的父母和周围的人回答他的问题。他很喜欢听大人们讲故事，常常提出一些让大人们摸不着头脑、不知如何回答的问题，使得他们很为难。布鲁诺总是感到父母和周围人的解释和回答不能使他满足。每当他看到他的小伙伴们天天在一起兴高采烈地上学的时候，常常感到很失望：如果我能和他们一起上学，那该有多好啊！老师一定能够圆满地回答我的问题，我也一定能够从书本中找到答案，再也不要去问其他人或者自己冥思苦想啦！他常常在睡梦中梦见自己在窗明几净的教室里和同学们一起学习，一起谈天说地、畅所欲言；梦见自己变成了一只自由的小鸟在天空中自由自在的飞翔。然而，当他看到积劳成疾的父母，贫寒的家境的时候，便感到自己的想法都是不可能达到的，只不过是一场美丽的幻想。

为了生活，为了减轻父母的生活负担，布鲁诺在14岁的时候，就不得不离开他慈爱的父母和家庭，远到那不勒斯城中的一所修道院做工。从此，少年的布鲁诺便独自踏上了充满艰辛的生活之路。这同现在生活在幸福而温馨的家庭里的少年朋友们形成了多么大的反差啊！少年朋友们应当好好珍惜今天的幸福生活。

在修道院里，布鲁诺整日干着繁重的体力劳动，而且，这里生活很单调，使得布鲁诺常常感到很孤独，他想念他的父母和家庭。好在这里有许多书籍，除了有像《圣经》这样的宗教神学著作，还有很多自然科学和哲学著作。这对于一直酷爱读书渴求知识的布鲁诺来说，是一个巨大的安慰和鼓舞。于是，白天，他利用一切时间，冒着被教头发现而惩罚的危险勤奋学习；到了晚上，当其他教徒进入梦乡时，他常常在灯光下或在月光下刻苦读书。每当这时，因繁重的体力劳动，单调孤独的生活所带来的劳累和思亲的痛苦便被书本中的新鲜的知识

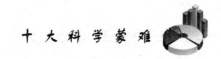

“泉水”冲刷得一干二净了。他下决心认真学习，以此来弥补自己过去因贫困不能上学而带来的损失。

布鲁诺生活的时代，正处于意大利文艺复兴的社会、文化变革的时代。这个时代是继承古希腊罗马的优秀的科学文化成果，促进人类文明发展的伟大时代，这个时代是一个大力倡导人文主义，反对神学思想和宗教主义，破除封建迷信和神权的束缚，追求个人自由，打开人们眼界，恢复人的力量和理性权威，培植自由研究精神的时代。这正如恩格斯所说的“是一次人类从来没有经历过的最伟大的、进步的变革，是一个需要巨人而且产生了巨人——在思维能力、热情和性格方面，在多才多艺和学识渊博方面的巨人的时代”。在这个时代中，产生了像伟大的艺术家、思想家达·芬奇，伟大的艺术家、文学家莎士比亚，伟大的天文学家哥白尼等一大批科学文化巨人。这些巨人所写的伟大著作也传播到了布鲁诺所生活的修道院里。布鲁诺认真学习了他们的著作，特别学习了哥白尼所写的天文学著作。他被哥白尼学说中关于地球不是宇宙的中心，是一个围绕太阳转动的行星天体的说法所迷住了。他把哥白尼的日心学说同托勒密的地心学说，以及《圣经》中所说的上帝创造万物的谬论相比较，更加崇信哥白尼的日心说新理论。他决心认真学习哥白尼的新学说，并且积极传播它，发展它，反对宗教神学旧思想，把科学从神学的禁锢中拯救出来。

批判《圣经》倍受凌辱

布鲁诺出身贫寒，自然受到那些出身贵族的教士们的歧视。他们常常骂布鲁诺是“穷鬼”“下贱人”，不愿意同他在一起生活。不仅如此，他们还让布鲁诺干脏活、重活。布鲁诺性格倔强，他忍受不了这

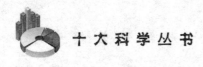

种不平等的待遇。于是，布鲁诺同他们争辩道：“我们都是教士为什么让我一个人干，你们为什么不干？”“因为你是穷鬼，所以，你只能干这样的活！”布鲁诺不服，他们就聚集在一起围攻、凌辱布鲁诺。

布鲁诺不读圣经，只读像哥白尼天文学这样的自然科学著作。这自然引起那些只是机械背诵圣经，不劳而获的封建教士们的不满。他们向布鲁诺叫道：“教士修道就是背诵圣经，并按圣经修道。你不读圣经，只读那些被列为禁书的著作，这简直是犯上做乱，大逆不道！”布鲁诺听罢，毫不示弱地争辩道：“圣经是书，自然科学著作也是书，为什么不能读？我追求的是科学，是真理，凡是符合科学和真理的书我都要读，否则，我不但不读，而且要批判它！”“岂有此理，布鲁诺，你敢反对圣经，反对上帝！”于是，教士们对布鲁诺展开了猛烈的攻击。这使得布鲁诺更加怀疑圣经和其他一些神学理论，更加崇信哥白尼的日心说。他除了勇敢地同那些像“驴子般的蠢才”进行理直气壮地争辩，还写文章尖锐地批判《圣经》的谬误，维护科学真理。这更加引起那些信奉圣经的修士和僧侣们的强烈反对，他们四处散布谣言：“布鲁诺反对圣经教义，是异教徒，是修道院的叛徒，应当受到惩罚！应当把布鲁诺从修道院中赶出去！”于是，他们以“异端”“邪教徒”为由，开除了布鲁诺的教籍，把他赶出了修道院，但是，布鲁诺并没有因此而丧失坚持与发展真理的信心和决心。从此以后，他便开始了宣传和发展哥白尼新宇宙观的流亡生活。

历尽坎坷　宣传科学真理

布鲁诺被修道院开除以后，于1576年逃往罗马，后来他又转到了威尼斯。但是，宗教统治者依然没有放过布鲁诺。他们四处张贴告示，通缉捉拿他，企图用野蛮的方法来达到他们的罪恶目的。为了躲避宗教裁判所的追捕，更好地传播哥白尼的日心说，布鲁诺终于在1578年，越过阿尔卑斯山，流亡到国外，继续宣传科学真理。哥白尼为了追求科学真理，曾经先后两次翻越阿尔卑斯山来到布鲁诺的家乡——意大利求学，最后创立了新的天文宇宙观——日心说。现在，布鲁诺为了传播和发展哥白尼的新学说，又要翻越阿尔卑斯山，离开意大利，走出国门，走向世界。这是科学发展的需要，更是革命斗争的需要，是科学把他们紧密地联系在一起——一个以毕生的精力和热情创立新学说，另一个则以生命的代价去传播和发展新学说。他们都是那个伟大时代所产生出来的科学巨人，都是为了把科学从神学中解放出来。任何一项伟大事业，往往不是一个人完成的，它需要若干代人前赴后继的共同努力。

布鲁诺先后到过法国、瑞士、英国，还有奥地利、匈牙利、德国等许多国家，几乎踏遍了整个欧洲大地。布鲁诺在长达15年的流亡生活中，既要解决衣、食、住等基本生活问题，又要一次又一次地躲避封建宗教势力的搜捕。更重要地是，他还要学习、传播发展哥白尼的天文学理论。可想而知，这一切会给青年时代的布鲁诺带来多大的艰难和危险。

在长达15年的流亡生涯中，布鲁诺的生活、学习和工作大致经过了以下几个阶段。

第一个阶段是半工半读阶段。就是在一天里，用一半的时间去打工挣钱，然后用挣来的钱维持生活和学习，也就是半天学习半天劳动。常言道："在家千日好，出门一日难。"布鲁诺远离自己的故乡和亲人，不能像今天的少年朋友们那样只读书，其他的所有事情都由爸爸妈妈负责。布鲁诺需要自己挣钱养活自己，何况还要避难和学习，其艰难可想而知。然而，自幼在贫困中生活成长起来的布鲁诺已经完全具有

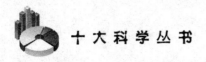

了克服困难，在困难中生存和发展的素质和能力。

多少次，布鲁诺因为自己是外国人而遭到人们的排斥，因为找不到工作而忍饥挨饿。即使找到了工作，也因为他是外国人而受到许多不平等的待遇，只能干别人不愿意干的活，而且还受到残酷的剥削。

多少次，布鲁诺因为自己宣传哥白尼天文学理论，而遭到那些信奉圣经的宗教教徒的围攻。有的教徒向当地的宗教裁判所告密，带人来追捕布鲁诺，使得布鲁诺不得不一次又一次地从一个国家逃往另一个国家。

颠沛流离的流亡生活，使布鲁诺的身体受到了极大的摧残。他曾多次险些被病魔夺去生命，多次差一点被宗教裁判所抓住入牢。但这一切仍然丝毫没有动摇布鲁诺传播哥白尼学说的信心和决心。他在艰难困苦的半工半读生活中，坚持刻苦自学，继续研究哥白尼天文学。

第二个阶段是撰写天文学哲学著作阶段。布鲁诺在学习过程中，不是照抄照搬、死记硬背哥白尼的理论，而是认真思考，努力发展哥白尼学说。前面已经讲到了，哥白尼认为太阳是宇宙的中心，太阳是静止不动的。这种说法在现在看起来是不对的，太阳也不是静止的，也是运动的。这个错误早已被布鲁诺发现了。他想继续修改发展哥白尼学说，使它更加接近真理。

哥白尼的天文学著作《天体运行论》在1543年出版不久就被宗教裁判所列为“禁书”、“异端邪教学说”，禁止公开发行。这给传播哥白尼学说带来了困难。因为，只用口头传播，听众听后就容易忘记，效果不太好，影响也不大。于是，布鲁诺决心自己写一些天文学书籍，继承和发展哥白尼学说，并且广泛地传播它。

布鲁诺在1581—1586年里，克服各种困难，先后写了《论无限性、宇宙和世界》《论原因、本原和统一》《论三种极小和极度》《论单子、数和形》等一批天文学著作。

布鲁诺在这些著作中，不仅继承了哥白尼的日心说思想，而且还大胆地提出了自己的看法，发展了哥白尼的日心说理论。

哥白尼说，太阳就是宇宙的中心，它是静止不动的；布鲁诺却说，太阳不是宇宙的中心，只不过是太阳系的中心。宇宙没有中心，有许多像太阳系这样的恒星系。太阳在太阳系中相对于地球及其他行星来说是静止不动的，但是，太阳本身也是运动着的，它带领着地球以及其他行星一起在宇宙中运动着。因此，宇宙没有固定的中心，它是无限的，宇宙中的所有天体都是运动着的。静止是相对的，而运动是绝对的。

举个例子来说，下课的时候，老师带领小朋友开始做游戏。老师把一个班分成五个小组，每个小组有 5 个小朋友。其中，1 名组长，4 名组员。老师把小朋友们带到运动场去。运动场上放着一个很大的转盘，可以转动，在这个能够转动的大转盘中，还有 5 个可以转动的小转盘，它们从中心开始由近到远地排列着。每个小转盘有 5 个座位，其中一个座位位于小转盘的中心，其他 4 个座位在这个中心座位的周围，也是从近到远依次排列着。小朋友们都按照老师的安排各自坐在自己的座位上。这样，5 个小组的小朋友都分别按照上面的要求坐在大转盘中的 5 个小转盘的座位上。

这时，老师站在大转盘的中心位置按下电源开关，接通了电源。于是，大转盘和小转盘开始同时转动起来了。

坐在每个小转盘座位的小朋友就会感觉到或者看到，自己不仅在围绕着组长进行圆周运动，而且还和组长一起围绕着老师进行圆周运动。

如果站在大转盘以外的地方看，就会发现，5 个小转盘围绕老师转动，5 个小转盘中的每位小朋友正在围绕组长转动。整个大转盘也在转动，就是说，老师也和大转盘一起转动。

如果把这个转动着的大转盘比作宇宙的话，那么，大转盘中的每个小转盘都可比作一个太阳系，位于小转盘中心位置的组长就可以比作是太阳，其他小朋友可以比作是地球、木星、火星、金星等行星。而老师可以比作是一个大恒星。

这样，在大转盘这个宇宙中，就存在着5个像小转盘这样运动着的太阳系，而在每个小转盘这样的太阳系中，就有地球这样运动着的行星天体。

可见，太阳并不是大转盘这个大宇宙的中心，它本身也只不过是小转盘中的中心，也是运动着的。实际上，宇宙中存在着无数个像上述大转盘那样的巨大的天体系统。可见宇宙是无限的，是运动的，不是静止的。

从上面的例子可以看出，哥白尼日心说中所说的太阳系只不过是大宇宙中的一个组成部分。布鲁诺所说的宇宙是包括太阳系的无限大的宇宙。布鲁诺的天文学理论对天体的结构组成及其运动规律的阐述，弥补了哥白尼学说中的不足，发展了哥白尼的学说思想，把天文学的科学研究工作推向了一个新的阶段。

继承是为了更好地发展，发展需要认真地继承。布鲁诺认真学习哥白尼学说理论，准确掌握哥白尼的思想，以便更好地坚持、发展他的理论。但是，布鲁诺并不是死记硬背哥白尼学说中的观点、理论，而是认真思考，认真分析。也正因为这样，他才能发现哥白尼学说中的不足，在哥白尼学说的基础上提出了自己的观点，进行大胆地创新，从而大大地发展了哥白尼天文学。少年朋友们在学习过程中，也应当像布鲁诺那样，能够在学习过程中认真思考，做到触类旁通，举一反三。不要照抄照搬，死记硬背。只有这样，才能天天向上，不断取得好成绩。

第三阶段是演讲传播哥白尼思想阶段。

尽管历尽艰难险阻，布鲁诺仍然继续传播哥白尼思想。他一方面积极公开地向人们发行他的天文学著作，让更多地人们直接从他的书中了解哥白尼思想以及他本人的思想；另一方面，他依靠他的著作，公开向人们发表演讲。他用通俗易懂的语言，热情奔放的情感宣传哥白尼日心说思想，特别是他本人的宇宙无限论思想，他用尖锐有力的唇枪舌剑，严厉地讽刺与批判了宗教神学关于上帝创造万物，地球是宇宙中心的旧理论。

从 1581 年到 1586 年，布鲁诺先后在法国巴黎，英国的牛津和伦敦，以及德国、捷克等国家和地区讲学，热情洋溢地宣讲他的唯物主义天文学哲学理论，传播哥白尼的太阳中心说，同时尖锐地揭露和批判了宗教神学的伪善与愚蠢。他热情而激昂地对人们讲道："地球根本不是什么宇宙的中心，不是静止的，而是围绕太阳转动的。哥白尼先生说太阳是宇宙的中心，在我看来，太阳也不是宇宙的中心，宇宙根本没有中心，宇宙是运动发展着的，宇宙是无限的，太阳也是运动的。"有人问道："布鲁诺先生，你和哥白尼的说法与托勒密的地球中心说以及圣经上的说法是截然相反的。你说，我们应当相信谁呢？是你，还是圣经或上帝？"布鲁诺坚定地答道："应当相信科学真理，哥白尼学说是在科学观测和研究的基础上产生出来的科学真理。圣经纯粹是骗人的谬论，世界上根本就没有什么造物主，根本就没有什么上帝和神，这只不过是那些教徒和僧侣们杜撰和捏造出来的谬论。我已经彻底地与宗教神学决裂，毅然投入到科学真理的怀抱了，来吧！先生们，在科学的世界里到处都充满阳光和真、善、美，而在神学的地牢里则到处都充满阴暗和假、丑、恶。"布鲁诺热情真诚的语言深深地打动着人们的心，他那杰出的讲演才能和广博的科学知识受到人们的普遍赞扬，会场上经常爆发出热烈的掌声。同时，布鲁诺的话语中充满了对封建宗教神学的仇恨，这就大大"伤害"了教会的虚荣心和僧

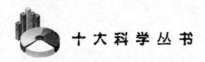

侣们的自尊心。在听众中也有许多教士和僧侣，他们听着布鲁诺尖锐的语言，顿时恼羞成怒，气急败坏，他们聚在一起冲上讲台，声嘶力竭地吼叫道：“布鲁诺，你竟敢聚众演讲，公开与《圣经》、上帝作对，真是犯上作乱，一定会受到教会的惩罚，受到上帝的惩罚。先生们，不要听信布鲁诺这个异教徒的‘异端邪说’，要相信上帝的存在，相信《圣经》!”布鲁诺毫无畏惧。他据理辩道：“真理的存在是绝不会因为你们这些小丑的叫嚣而消逝的，真理的光辉将普照全球，惩恶扬善，把人们带到一个文明的世界中去!”

布鲁诺历经了15年的风风雨雨、坎坎坷坷，走遍欧洲各个国家，同饥饿、疾病斗争，更同围攻、追捕他的反动宗教势力进行艰苦的斗争，他用自己对真理的忠诚与热情，向人们传播哥白尼学说，宣传自己的天文学哲学理论，勇于除恶扬善，给人类带来文明与光明。为了坚持真理，为了发展科学，铲除神学，他甘愿献出自己的一切。

火刑不要紧　只要主义真

布鲁诺热情地宣传哥白尼的日心说以及自己的天文学理论，批判《圣经》神学的反动封建谬论，赢得了广大欧洲人民的欢迎和信任，使得更多的人开始相信科学，怀疑、反对宗教神学，这便激起了罗马教皇的恐惧和仇恨。他们清楚地知道，如果不马上禁止布鲁诺传播哥白尼学说，那么，就会有越来越多的人站到科学的一边，就会壮大科学的力量，就会使得宗教神学人单势孤。一旦人们相信科学，就会怀疑上帝的存在，他们愚弄、统治人们的阴谋就会原形毕露，他们统治的政权就会受到威胁甚至被推翻。因此，他们决定不惜任何代价，阻止布鲁诺传播哥白尼学说。他们阴谋制订并实施了追捕、杀害布鲁诺的毒辣计划。

他们首先派人到布鲁诺传播其学说的地方追捕他，但由于布鲁诺身处国外，游走不定，而且布鲁诺每到一处，在他的周围就会聚集着许多相信科学真理、信赖支持他的人，这使得教徒们难以得手。于是，他们决定引诱布鲁诺来意大利，然后把他抓捕起来，以达到他们的目的。

1592 年，罗马教皇派一个名叫莫奇尼的密探前来听布鲁诺演讲。在演讲过程中，他装着认真听的样子，经常带头鼓掌，以便引起布鲁诺的注意，讨好布鲁诺。演讲结束后，他便对布鲁诺说："先生，您讲得太好啦！我一直在学习哥白尼学说，听说先生在这里讲学，我特意从意大利前来听先生讲学。"布鲁诺听说莫奇尼是从意大利来的，非常高兴。因为，他已经离开自己的国家 10 多年了，他非常想念他的祖国、他的家乡，很想回去看望他的亲人，更想回到自己的国家宣传哥白尼学说。他多么想向家乡的亲人们宣传他的天文学理论，为祖国的科学走上独立和发展做出自己的贡献啊！

于是，布鲁诺便热情地向莫奇尼询问意大利国内的状况。他说："如果有一天我能回到我的祖国，向我的亲人们宣传我的理论思想，那该有多好啊！"莫奇尼听罢，连忙趁机说道："布鲁诺先生，祖国的人民都盼望着您能来为他们演讲，驱除他们心中的黑暗，给他们带来科学的光明。"布鲁诺被他的甜言蜜语打动了，没有识破他的阴谋。于是，布鲁诺便在莫奇尼的引诱下返回了意大利。

1590 年 6 月，当布鲁诺怀着激动的心情，千里迢迢地返回到意大利的时候，他哪里知道，自己已经落入了罗马教皇的魔爪。1592 年，当布鲁诺在密探莫奇尼的引诱下在威尼斯讲学的时候，立即被罗马教皇的密探逮捕了。

罗马宗教裁判所对布鲁诺进行了严酷审讯。他们对布鲁诺吼叫道："布鲁诺，你在国外到处散布邪教，反对圣经，是对上帝的叛逆。你知道你已经触怒了上帝，犯下大罪了吗？"布鲁诺倔强地答道："我传播哥白尼天文学，是因为我信仰科学，崇尚真理！科学能给人类带来文明和幸福，真理能给人类带来智慧和力量。我有什么罪？！相反，你们用虚伪的神学，用根本不存在的上帝来迫使人们相信，愚弄那些善良而无知的人们，以实现你们的残酷统治。你们才是在犯罪！"罗马教皇统治者听罢布鲁诺的慷慨陈词，气得暴跳如雷。他们知道争辩不过布鲁诺，于是，便用各种刑罚对布鲁诺进行了残酷的折磨，企图用暴刑逼迫布鲁诺屈服，并放弃哥白尼学说，重新信奉宗教神学。

布鲁诺忍受了各种刑罚带来的巨大的肉体折磨，大义凛然，宁死不屈。他高声说道："你们这样做，只不过摧毁了我的肉体，但决不会摧垮我的精神以及我对科学的信仰和对真理的追求。你们这种丑恶的行为，只能更加暴露出你们的虚伪和残暴，相反更加坚定了我的信仰！""高加索的冰川，也不会冷却我心头的火焰。即使我像塞尔维特（著名人体生理学家）那样被烧死也不反悔，为真理而斗争是人生最大的乐趣。"

布鲁诺在意大利一直被关押了 8 年，受尽折磨，但他仍然不屈服，拒绝改变自己的观点和信仰。他要把牢底来坐穿，要用自己的生命来维护科学，维护真理，他要让世人相信，科学和真理的光辉是任何丑恶的乌云都遮挡不住的，它必将会照耀全世界。

罗马宗教裁判所对布鲁诺施行了各种软硬兼施的手段，但都失败了。这不仅没有使布鲁诺屈服，反而更加扩大了哥白尼学说和布鲁诺理论的影响。最后，宗教裁判所终于在 1600 年 2 月判处布鲁诺火刑，准备用这种残酷的刑罚来实现他们的罪恶目的。

当布鲁诺知道这个结果后，并没有丝毫的后悔和遗憾。相反，他却为自己能因追求科学真理而殉道感到心地坦然，无比骄傲和自豪！

他笑道：“你们对我宣读判词，比我听到判词还要感到畏惧!”

火刑场上，布鲁诺面对熊熊燃烧的烈火，毫无畏惧，视死如归。他昂首挺立，两眼炯炯有神，傲视着蔚蓝的天空，怒视着封建教徒，满怀深情和真诚看着为他送行的人们。他高声喊道：“火刑不能把我征服，未来的人们会了解我，知道我的价值！乌云总不会遮住太阳的光辉，科学和真理最终会战胜邪恶!”

无情的火舌吞没了布鲁诺的伟大身躯，记下了基督教迫害科学家的残暴罪行。为了近代科学的发展，为了把科学从神学的牢笼中解放出来，布鲁诺献出了自己宝贵的生命。

布鲁诺的血没有白流，经过无数科学家和信奉科学的人们的不懈努力和艰苦斗争，科学终于冲破了宗教神学的桎梏和禁锢，独立并大踏步地发展起来了。布鲁诺用自己的鲜血和生命追求的理想终于变成了现实。他本人后来也被教会平反昭雪了。

布鲁诺学习和传播哥白尼学说，特别是他与封建宗教神学进行殊死斗争，并以身殉道的历史过程给人们以很大启示。科学的发展并不是一帆风顺的，它需要坚定的信仰，刻苦努力以及为之献身的精神。当少年朋友在学习过程中遇到困难的时候，当你们长大以后在科学研究过程中不被别人理解，甚至遭到别人讽刺、攻击的时候，想想布鲁诺的故事，你会从中增强克服困难、战胜困难、夺取胜利的信心和决心，产生出强大的动力。

也许有的少年朋友会说，布鲁诺生活在旧社会、旧时代，而我们生活在新时代里，我们不可能会遇到像布鲁诺那样的遭遇。是的，每个人不可能都会遇到布鲁诺那样壮烈、悲惨的遭遇。今天的少年朋友们生活在充满阳光、充满温暖的新社会、新时代里，有爸爸妈妈的无微不至的关怀和照顾，有学校老师的热情教导，更有党和政府的支持和帮助。但是，要知道，还有许多少年朋友因为家里贫穷，像布鲁诺

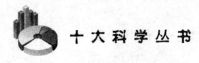

那样上不起学，或者中途辍学。现在党和政府提倡开展“希望工程”、“1+1助学”活动，就是为了帮助那些想上学而又上不起学的少年朋友重新上学。因此，那些能够上学的少年朋友要好好珍惜这个幸福的时光，像布鲁诺那样刻苦学习，努力向上；那些条件不好的少年朋友，要好好珍惜自己重新上学的机会，努力学习；还有那些上不起学的少年朋友应该像布鲁诺那样刻苦自学，自学成才。同时那些生活在城市里的少年朋友要热情地帮助贫困地区的少年朋友重返校园，共同学习。

另外，少年朋友们应当学习布鲁诺坚持真理并甘愿为了维护真理而献身的精神，在自己今后的学习、工作和生活中，要坚持真理，反对谬误，为建设社会主义物质文明和精神文明而奋斗。因此，布鲁诺为真理而献身的故事对今天的少年朋友们来说仍然具有启发和教育意义。

被终身监禁的近代实验科学奠基人——伽利略

伽利略

1633年6月21日，在罗马的宗教裁判所里，一位年过7旬的老人正在痛苦地接受审判。他面容憔悴，体弱多病，目光中透射出对宗教势力的叛逆，心底里燃烧着对宗教神学反动统治者的仇恨的火焰，激荡着发展科学、战胜神学的情感。他，就是意大利著名的物理学家、天文学家，近代实验科学的奠基人——伽利略。他最先发明了望远镜、温度计和力学定律，坚持发展了哥白尼天文学，在物理学和天文学方面都取得了很大成就，但却因此遭到了宗教神学统治者的残酷迫害，被终身监禁以至死去。

“数学的精神病患者”

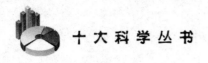

1564年2月15日，伽利略出生在意大利的一个名叫比萨的城市里。他的祖父原来是佛罗伦萨城里的贵族。然而，到了伽利略父亲这一辈的时候，家庭已经衰落了。他的父亲精通音乐，并且，在数学方面也很有天赋。他父亲本想让伽利略继承他的事业，当一名音乐家或数学家，但是，由于当时家庭生活比较困难，因此，就想让伽利略长大以后学医，以挣钱糊口。于是，在伽利略17岁的时候，他就被父亲送到比萨大学学习医学。

然而，父亲的爱好和脾性都在儿子身上重视，伽利略仍然像他父亲那样喜欢数学。所以，一有机会，他就学习数学。有一年夏天，一个名叫利奇的数学家来到比萨城，伽利略由于酷爱数学，听到这个消息后就立即前去拜访他。到利奇家时，正赶上利奇正在给孩子们讲授几何学知识。于是，伽利略便一声不响地坐在一旁认真听讲。“孩子们，数学是大自然的一门学科。它能帮助我们解开许多自然之谜。”利奇认真而热情地讲道，“你们看，任何一个直角三角形的两条直角边长的平方和一定等于第三条边长也就是斜边长的平方。任何一个三角形的内角和都等于180度。这是自然的规律。亲爱的孩子们，如果你们不信，你们可以实际去测量验证一下。你们得出的结果，一定会让你们吃惊和信服的。”“难道真的是这样吗?”天真好奇的伽利略心里一边想着一边同其他小孩一起进行实际测量和验证。果然，实际测量的结果完全证实了利奇的说法。伽利略高兴地向利奇说道：“真是太神啦！利奇叔叔，我要跟您学习数学！请您教我吧！”利奇也高兴地答道：“好吧！伽利略，你要记住，学习数学一定要肯动脑筋，认真思考。”

“请放心，利奇叔叔，我一定努力学习！”于是，伽利略就开始跟利奇学习数学知识。

伽利略就像着了迷一样，认真地听利奇讲课。他仿佛进入了一个色彩缤纷、五光十色又富有神奇的科学殿堂。他感到自己终于找到了开启自然秘密的钥匙。从此，伽利略更加热心地钻研数学。他除了认真听利奇讲课，还广泛阅读了大数学家欧几里德和大数学家、物理学家阿基米德的数学著作。伽利略深深地被数学所吸引。为了学习数学，他干脆放弃了医学。在没有学完医学的时候，他就离开了比萨大学，开始专心研究数学了。伽利略的父母并没有反对伽利略放弃医学改学数学，他们从伽利略那里看到了希望。他们认为，只要努力，伽利略一定会取得成绩。

事实果真像伽利略父母所希望的那样，伽利略经过刻苦努力，终于在数学上取得了很大的成绩。他先后于 1586 年和 1588 年先后写出并发表了许多文章，受到了当时科学界的广泛称赞。伽利略也因此而出了名。人们把他和大数学家、物理学家阿基米德相比，把他说成是“当代的阿基米德”。

伽利略为了学习和研究数学而中途放弃了医学，这本来是很自然的。因为爱好是科学研究的前提条件。一个人只有热爱某一种事业，他才能够全心全意地投入进去，才能产生学习研究的动力。相反，如果一个人干他不喜欢干的工作，那么，他就很可能干不好，也不可能在这方面取得成绩。因此，伽利略的上述选择是正确的，也得到了实践的检验。然而，在当时那个黑暗的封建社会里，一个人如果不始终如一地干一件事而中途又另选择其他事情做，被认为是不务正业。伽利略放弃学医改学数学，遭到了当时比萨大学教师们的讽刺和攻击。他们说伽利略在玩弄数学游戏不务正业。他们把学习数学诬蔑为是无用的工作，认为只有学习医学才是正道，才是有用的。他们骂伽利略

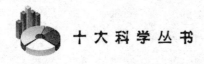

是一个“玩弄无用数学的神经病患者”。

对此，伽利略义正言辞地争辩道：“数理科学是大自然的语言，医学有用，数学也一样会有用，如果只用医学来作为衡量有用与无用的标准，那才是愚蠢和偏见的行为。”伽利略也深深地体会到，在当时不讲科学只讲宗教神学的黑暗时代里，如果学习和研究数学，就意味着“一辈子的贫困和默默无闻”。然而，对数学真理的追求，使得伽利略把这些都看得很轻很淡。为了学习和研究数学这个“大自然的语言”，他决心献出自己的一生，为了研究和发展数学，伽利略甘愿做“数学的神经病患者”，默默无闻地工作，执着地追求。

任何一门科学的发展，都离不开数学。因为，数学是科学思维和运算的工具和手段。正因为伽利略刻苦研究数学，并且在这方面取得了很大成绩，所以，他才在以后的物理学和天文学研究方面做出了重大的科学发现，用实际行动和成绩抨击了“数学无用论”的谬误。

比萨斜塔上的自由落体实验

到过苏州的少年朋友大都去过虎丘公园。公园里矗立着一座倾斜的“虎丘塔”，引来许多游客前来参观游览。在意大利的比萨城里也矗立着一座斜塔，人们把它叫做“比萨斜塔”。为什么这两座塔都是斜的呢？是当时故意这样修建的，还是以后经过多年的风风雨雨，使它倾斜的呢？这引起许多人特别是科学技术专家和历史学家的研究。我们在这里要告诉少年朋友们的是，伽利略曾经在这座“比萨斜塔”上做了一个伟大的科学实验。他用这个科学实验抨击了大哲学家亚里士多德的旧的传统理论，创立了新的力学理论。但他同时也因此遭到了一些亚里士多德信徒们的攻击与迫害。

比萨斜塔

亚里士多德是古代希腊伟大的自然哲学家，马克思称他是“古代最伟大的思想家”，恩格斯也赞扬他是古希腊“最博学的人”。他一生中写了大量的学术著作，提出了许多很有价值和影响的学说或者理论。因此，他也受到当时以及后代人的崇拜和赞扬，把他的理论当代神圣不可侵犯的金科玉律，进行学习和效仿。如果哪一位胆敢怀疑并违反亚里士多德的理论，就会被认为是犯上作乱，受到讽刺和攻击。

伽利略并没有完全崇信亚里士多德的理论，也没有因为他是大哲学家而把他奉为圣人。相反，伽利略却坚持在实验的基础上来验证亚里士多德的理论。如果亚里士多德理论得到了验证，那么他就继承亚氏的理论，否则，就修改发展他的理论。伽利略抱着这种科学态度，在阅读亚里士多德的著作的过程中，对亚里士多德所说的以下理论感到怀疑。

亚里士多德认为：重的物体要比轻的物体下落得快。就是说，如果在同一高度的地方同时落下重量不同的物体，那么，重量大的物体就会比重量小的物体下落得快。

乍一看，亚里士多德的说法是对的。然而，科学往往与直观感觉不同，它不能有丝毫的虚假和没有实践验证的胡乱猜想。

伽利略首先对亚里士多德的上述说法产生了怀疑。他想：假设亚里士多德的上述说法是对的，那么，如果把重的物体和轻的物体连接在一起，再让它们自由落下，那结果会是什么样子呢？既然重物比轻物落得快，那么，当它们被连在一起下落时，会出现重物在下面，轻物在上面的现象，也就是说，重物拖着轻物下落，从而降低了重物下落的速度，使得重物单独下落时速度就大于重物和轻物连接一起下落的速度。前者会比后者先着地。

按着上述推断，伽利略便自己做了实验。结果发现，重物单独下落与重物和轻物连在一起下落的速度相等，它们同时落地。接着，伽利略又在同一高度让重物和轻物同时开始自由落下。结果发现它们也同时落地。这就说明，亚里士多德关于重物比轻物先落下的说法是错误的。在伽利略的这一发现之前，亚里士多德上述理论已经统治了人们思想长达2000多年了。

遗憾的是，当伽利略把它的发现告诉他的老师以及其他人的时候，不但没有得到他们的理解和支持，反而遭到他们的讽刺和攻击。

他们聚集在一起向伽利略叫嚷道："亚里士多德的话句句是真理，你竟敢怀疑真理，说什么重物和轻物同时落下，这完全是胡说八道！除了傻瓜以外，没有人会相信一根羽毛会和一颗炮弹能以同样的速度通过空间下降。"伽利略听罢，立即反驳道："羽毛与炮弹当然不能同时落下，但这是由于它们在下落过程中各自所受到的空气阻力不同的原故。如果没有空气阻力的影响，它们就会同时落下。"他接着又说道："如果你们不信，我现在就用实验验证一下给你们看，我在比萨斜塔上同时落下两个重量不同的物体，它们必然会同时落下。"

有的人听罢，便威胁道："伽利略，你们不要胡闹，否则，我们就给一顿叫你永不会忘记的教训！"还有的人说道："让他做实验也好，他一定会出洋相，在众人面前失败丢丑的，这也好教训一下这个胆敢怀疑圣人的叛逆者。"很多人也幸灾乐祸地说道："就让伽利略做一下实验，让他丢丑!"

于是，伽利略便在众目睽睽之下，一步步地登上了斜塔。下面的人都一起向他起哄。面对众人的讽刺与围攻，伽利略毫无畏惧。只见他高高地站在斜塔上，仿佛在向全世界宣布他的伟大发现。他一只手拿着一个 10 磅重（欧洲重量单位）的铅球，另一只手握着一个只有 1 磅重的铅球。两手平伸，高声向下面的人群喊道："铅球落下来了。"随着伽利略的声音，人们立即看到两只重量不同的铅球竟然同时"砰"的一声落在了地上。观看的人们先是一阵嘲笑，接着便是大吃一惊，纷纷窃窃私语："真是怪事，两个铅球果然同时落下了。难道圣人的话真的错了吗?"然而，伽利略的老师们却仍然不相信眼前的事实。他们高声吼道："圣人的话是永远不会错的。大家不要相信伽利略的实验，伽利略不是在做实验，而是在做魔术，在玩弄骗人的鬼把戏。铅球里面一定有鬼，不要相信他!""对，不要相信伽利略，要相信圣人的真理!"许多人也随声附和道。

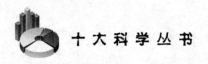

伽利略的科学实验和伟大发现，没有获得人们的理解和信任，反而遭到这些崇尚权威迷信的愚蠢者和顽固者的误解，受到他们的讽刺、诬蔑甚至迫害。少年朋友们从中可以看到，在那个宗教神学、权威统治的黑暗年代里，坚持科学，研究科学的人，他们所处的社会环境和待遇是多么的艰难和险恶啊！

伟大的发明与发现

伽利略并没有因周围人对他的恶语中伤与恶意迫害而丧失对科学的追求，相反，这却更加增强了他战胜邪恶、献身真理的信心和决心。他除了发现了亚里士多德的上述错误，还做出了其他许多重大的发现。

有一天黄昏，伽利略独自站在比萨大学教堂里。这时，他看到高悬在空中的大铜灯被风吹得一左一右有规律地摆动着，就不由自主地一边看一边用一只手的手指按在另一只手腕的血管上，数着脉搏跳动的次数和大铜灯摆动的次数。结果，伽利略惊奇地发现，无论大铜灯摆动的幅度多么大，来回摆动一次所用的时间都是相同的，像脉搏跳动一样有规律。他还发现，如果拴在灯上的链子越长，那么，灯摆动一次所用的时间就越长，反之，就短。就是说，拴在灯上的链子的长短与灯摆动一次所用的时间长短成正比。伽利略高兴地跑回家中，模仿着他在教堂里看到大铜灯摆动的样子，制造了一个重锤吊摆，用它来测量人体脉搏跳动的快慢。实际上，这时，伽利略已经发现了“钟摆的等时性原理”。它说的是，钟摆在相等的时间内摆动相等的次数，而与钟摆的长度的大小无关。后来，荷兰有位名叫狄更斯的科学家，根据伽利略发现的科学原理，制造出了挂摆的时钟。少年朋友们在家里或在公共场所看到的挂摆时钟，就是根据伽利略的发现制造出来的。

另外，伽利略还在纠正哲学家亚里士多德的错误的基础上，通过多次实验和数学运算，发现了自由下落物体的运动规律。这就是：物体在自由下落时，它下落所经过的距离与它通过这段距离所需要时间的平方成正比。用数学公式表达就是 $h=\frac{1}{2}gt^2$（其中，h 表示物体下落时距离地面的高度，t 是物体下落过程中需要的时间，g 是一常数，它表示重力加速度，它的数值是 9.8）。

伽利略还发现了“惯性定律”。他以科学的态度，用科学实验证实了阿基米德提出的“流体静力学定律”。他还在气体力学、声学、光学、磁学等方面做出了巨大的发现。伽利略在力学领域里完成了一系列重大发现，为牛顿经典力学体系的建立奠定了坚实的基础。正因为这样，伽利略被后人称为“近代实验科学的奠基人”。近代科学的大厦可以说是在他的研究基础上建立起来的。牛顿说：“我之所以取得成就，是因为我站在巨人肩上”。伽利略就是其中的一位科学巨人，牛顿力学就是在伽利略的基础上完成的。

我们在这里要对少年朋友们讲述的是伽利略在天文学领域中所做出的伟大发现。因为少年朋友们可以从中感受到在宗教神学统治下，一位追求科学的巨人所经历的磨难。

伽利略的天文学发现主要是从他发明望远镜开始的。

1609 年的一天，一位名叫约翰·李帕希的荷兰天文学家，他在无意中把两片镜片叠在一起，一片是近视的，一片是老花远视的。当他透过这两层镜片看外边景物的时候，惊奇地发现，眼前的景物比肉眼看到的要大许多倍，而且，还能清楚地看清远方的景物。就是说，这两片镜片能起到放大物体的作用。这可以说是世界上第一架望远镜。

伽利略得知这个消息以后，他很感兴趣，就试着制造起来。他用一个空管子，在一头装上一块凸透镜，另一头装上一块凹透镜。之后，他便拿来观看外边的景物，果然，远处的景物顿时靠近被放大了，而且清晰可见。这是伽利略自己制造出来的第一架能够放大3倍的望远镜。以后，伽利略在这个基础上继续进行了研究改造，并且不断创新，终于在半年之后，制成了能够放大32倍的望远镜。

观察实验是科学发展的重要基础和前提，而观察实验的手段或工具又是其中的重要因素。伽利略利用他发明的望远镜进行天空观测，从而完成了一系列重大的天文学发现。

伽利略首先用望远镜观察月亮。他惊奇地发现，月亮并不像亚里士多德所说的那样是一个“完美的球体”、“完善的天体”，月亮的表面既不平滑也不纯洁，而是覆盖着山脉并且还有火山口的裂痕，月亮表面高低不平，坑坑洼洼，有山似乎还有海。

接着，伽利略又把望远镜对向金星、木星和太阳。他发现，金星也像月亮那样，表现凹凸不平；木星的周围有4颗卫星围绕它转动；太阳上有黑子；银河不是一条纯粹的天河，而是由无数颗小星体组成的星团；土星由3个天体组成。伽利略的上述惊人发现，使他惊喜若狂，他为自己发现这么多前所未知的伟大奇迹而感到骄傲，更为他通过实际天文观察推翻原来被人们视为圣言圣语的旧的理论，而感到自豪。严正的事实告诉我们：“一切虚妄的想象和唯心的猜测都是站不住脚的，只有符合它的科学才是真理。”

当伽利略上述重大发现通过天文学杂志《星体通报》向世界报道的时候，便在学术界引起了强大反响，更引起那些崇信亚里士多德传统理论的人的恐惧与愤怒。他们纷纷指责、攻击伽利略是在玩弄魔术，让人们不要相信他。更令人气愤的是，当伽利略几次请他们实际观察的时候，他们却死守旧信条，冥顽不化，拒绝观察行星、月球。有个牧师竟然愚蠢可笑地说："伽利略的卫星既然是肉眼看不见的，当然它们对地球就没有什么影响；既然没有影响，也就没有用处，因此也就不存在。"这是多么荒唐、愚蠢可笑的逻辑啊！也难怪伽利略听罢以后，不禁捧腹大笑，说他们是一群"愚蠢的无知之徒"，说他们不懂得实践出真知，而只知道钻进他们的书斋里，翻翻目录，查查索引，凡事都要看看亚里士多德对这些问题有没有说过什么，如果有，就认为此外再也没有什么知识可以追求了。可见，封建宗教势力对科学发展的阻碍是多么严重！从事科学研究又是多么艰难！

但是，伽利略并没有因此而停止他的研究和实验，他克服家境贫寒、扶养兄弟姐妹的困难，以顽强的毅力承受着被学校当局赶出校门所带来的耻辱和心理打击，不断地研究着、探索着。在以后的时光里，伽利略连续出版了《论我所观察到的太阳黑子》《星际使者》《关于托勒密和哥白尼的两大世界体系的对话》《两种新科学的对话》等一系列天文学著作。在上述著作中，伽利略列举出了大量所观察到的新星、太阳黑子等天文学现象，抨击了亚里士多德所说的"天永远不变"的旧观点，证明了天不是不变化的，天和地球一样，有相同的组成，而不是"完全不同的"，亚里士多德所说的"月球是完善的"说法是错误的。

同时，伽利略通过天文观察，还证实了哥白尼关于地球围绕太阳转动的学说是正确的。他说，"我曾证明，月亮是和地球一样的物体"，"我也观察到，地球也环绕太阳运动"。他曾向他的朋友表白"我许多年前已经是哥白尼理论的信徒"。这样，伽利略维护并宣传着哥白尼天文学理论。

更重要的是，伽利略在他的著作中无情地揭露了封建宗教神学家们的种种荒诞与虚荣心。也正因为伽利略敢于怀疑一切，不被传统旧理论所束缚，并通过实验驳斥其中所存在的错误观点，敢于违反宗教

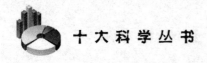

势力的意愿，维护曾被他们列为“禁书”、“异端邪教”的哥白尼日心说理论，所以，伽利略自然也逃脱不了宗教势力的攻击与迫害。因为，伽利略与哥白尼、布鲁诺都生活在那个神学统治一切，科学成为神学奴隶的黑暗社会里。

两次受审　终身受监禁

1600年，天文哲学家布鲁诺因为宣传哥白尼的日心说以及他自己的天文学理论，不屈服于罗马宗教裁判所的威胁和折磨，最后被活活烧死了。这一切都深深地刻印在伽利略的头脑中。严酷的现实使他感到反动势力的强大，坚持科学真理的艰难。他不是被布鲁诺的死所吓倒，而是为了自身安全，为了使自己继续研究和发展科学。于是，他决定不采取布鲁诺那样的斗争方法，尽量不直接、或当面与宗教神学做对，“最好还是以不受宗教裁判所的干扰而继续活下去搞科学实验为妙”。他认为，走与布鲁诺不同的斗争道路，同样能够发展科学，同样能坚持和发展真理。这正如他自己所说，“学者的墨汁和殉道者的血液有一样的价值”。意思是说，当研究科学的学者与当像布鲁诺那样为科学奋斗牺牲的殉道者一样，也能为发展科学做贡献。

然而，残酷的现实粉碎了伽利略的上述幻想。不管伽利略如何小心谨慎，都逃脱不了宗教神学统治者的狰狞目光和残酷的迫害。这一方面是因为，在科学与宗教神学之间，除了呆子和无知以外，根本不可能选择第三条“中庸之道”。科学与宗教神学是水火不相容的，在二者之间，只能做一种选择，要么信仰科学，要么崇拜神学，不可能二者兼备。伽利略信仰科学，自然就做出前面所说的伟大发现，形成了与宗教神学形对立的科学理论。另一方面还因为，在当时宗教神权当道的黑暗时代里，宗教统治者为了维护自己的反动统治，决不允许存在着与他们的反动理论如“圣经”相对立的科学理论，更不允许有人从事这方面的研究，并以此来攻击他们的宗教神学理论。他们依靠手中的权力和武力，向四处派密探和爪牙，日夜不停地进行监视和搜捕，一旦发现有人宣传科学，反对《圣经》，他们就立即将他逮捕，进行审讯、迫害、屠杀直至让他们屈服。

因此，伽利略的上述想法只不过暂时延长了遭受迫害的时间，他的上述科学研究活动和科学理论决定了他最终还是被宗教统治者发现并收审了。

1616 年 3 月 26 日，宗教裁判所终于下令审判伽利略。一个名叫贝那明尼的宗教头子对伽利略威胁道：“伽利略，你违反圣经，支持哥白尼的邪教学说，这是上帝所不允许的！你应当知罪！应当立即放弃你的关于地球、太阳和星宿的这些异端邪说。今后，不允许你再有这些念头，更不允许你散布这些东西，不允许你今后在口头上或文字上再为哥白尼邪说辩护！如果你继续违犯，那么，你将受到严厉地制裁!”布鲁诺的死已经让伽利略明白宗教裁判所说的上面那番话的含义。为了延长自己的生命，能够继续研究科学，伽利略还是像他上面所想的那样，表现出“万念俱灰”的样子，答应改“邪”归“正”，并被迫在《否认书》上签了字。为了科学的发展，伽利略忍辱负重，暂时屈服了。贝那明尼主教得意扬扬，下令释放了伽利略。他认为这样做，就可以停止伽利略的科学活动，他甚至认为，他这样做“就停止了行星环绕太阳的运动”。

但是，宗教统治者高兴得太早了，伽利略在经过一段深为自己背叛科学屈服于神学而懊丧和羞愧的痛苦反思以后，又顽强地开始了他的天文学研究。他还公开发表许多天文学论著，再度顶撞了“正统的教条信仰”，再一次宣传和发展了天文学理论，抨击宗教神学的反动理

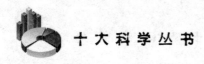

论。因为科学真理总要按照它自身的规律和准则产生和发展的，并不因一时的压仰与迫害而永远沉没与消失，正像种子播下总是要发芽的一样。这就更加触怒了宗教统治者。于是，宗教法庭又一次传讯伽利略来接受审判。而且，他们又给伽利略加上了屡教不改的“重犯”的罪名，按照他们的规定，双重犯罪是要判死刑的，就是说，这一次伽利略有被他们残酷杀害的可能。

生活的困苦，终日科学研究的劳累，尤其是宗教神学统治者及其支持者的攻击和迫害，使伽利略肉体和心理受到了极大的摧残。他终于积劳成疾，一病不起。当伽利略收到第二次传讯通知书的时候，他正在病床上躺着。医生特地为他写了证明书：“伽利略生病在床。他可能到不了罗马，就到另一世界去了。”然而，冷酷无情的宗教裁判所竟然毫无人道地又传讯道：“只要他能走，就把他抓起来，锁上铁链，押到罗马来!”于是，伽利略被迫于 1633 年 1 月——一个冰冻刺骨的冬季，启程再次来到了罗马宗教裁判所。这时，伽利略已经半死不活、奄奄一息了。宗教裁判所竟对这位年过七旬、生命垂危的老人进行了长达 6 个多月的残酷审讯。最后，他们硬是威逼伽利略发誓：“和地球的运动的信念一刀两断”，逼迫他“相信并始终相信教会所承认的和教导的东西都是真理”。让他信奉神圣的宗教法庭之令，迫使他“不再相信也不再传授地球运动而太阳静止的虚妄理论”。伽利略虽然表面上答应宗教裁判所的上述要求，但实际却口是心非。当他离开法庭时，嘴里却低声说道：“但是地球的确是在运动呀!”

伽利略又一次用表面屈服的形式逃脱了死刑，但他仍未能逃脱惩罚。宗教裁判所下令禁止出版伽利略的著作，判决将伽利略终身监禁。

在以后的监禁生活中，伽利略忍受住肉体和精神的巨大折磨，以顽强的毅力和巨大的热情继续从事他的自然科学研究。1636 年，伽利略又撰著出版了他的最后一部力学著作《关于力学和局部运动的两门新科学的讨论和数学证明》。1637 年，伽利略因劳累过度双目失明了，但是，他还是在家人和学生们的帮助下，继续从事科学研究。1642 年 1 月 8 日，伽利略在宗教神学统治者的残酷迫害和折磨下，与世长辞了。

听了上面关于伽利略的故事以后，有的少年朋友可能有些不理解，为什么伽利略两次向宗教神学反对统治者屈服，而不能像布鲁诺那样英勇地为科学献身呢？前面已经说了，伽利略之所以这样做，是为了保证自己的生命，继续研究科学。每个人为科学而进行的斗争方法可能是不同的，但他们都是为了研究和发展科学，把科学从神学的枷锁中解脱出来。虽然他们斗争的方式方法不同，但是他们斗争的目的都是一样的。试想一下，如果伽利略不是考虑继续研究科学，而是一开始就同宗教神学进行斗争并且宁死不屈，那么，他也同样会像布鲁诺那样惨遭杀害。这样一来，伽利略就不会有那么多的创造和贡献。这对于科学来说，不能不说是一个巨大损失。因为没有伽利略的力学贡献，就不会有牛顿的经典力学体系。近代科学的发展还会再经过一个相当长时间的探索过程。

伽利略违心地屈服于宗教反动势力，说出自己不愿意说出的话，其中所带来的精神折磨和打击是一般人所不能承受的。伽利略能在这样的环境中，在终身监禁生活中继续研究并取得重大成果，他所表现出的坚强的毅力以及追求科学、献身科学的精神更是十分可贵的，值得我们学习的。

伽利略与布鲁诺的遭遇都在控诉着封建宗教反动势力的残酷与罪恶，都在说明在那个黑暗年代里，研究科学，坚持真理，反对宗教神学是多么不容易，是要付出血的代价的。少年朋友应当从他们的生活、工作和遭遇中更加珍惜今天光辉的时代和幸福的生活，更加努力学习

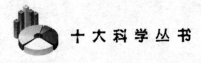

科学文化知识，克服一切困难，取得优异成绩，长大以后，成为一名对祖国和人民有用的人，为祖国的昌盛和人民的幸福贡献自己的力量。这才是我们所希望的。

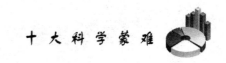

被判死刑的近代人体解剖学的革新者——维萨里

1543年，哥白尼的天文学著作《天体运行论》出版问世了，他本人也在这一年悲惨地离开了人世。非常巧合的是，也就在同一年，在另一个名叫比利时的国家里，一位名叫维萨里的著名解剖学家出版了一部人体解剖学著作《人体的构造》。他本人也因为反对宗教神学和传统的封建医学而遭受了和哥白尼相似甚至比哥白尼更残酷的蒙难——被宗教裁判所判处了死刑。哥白尼和维萨里，这两位科学巨人，他们虽然从事不同的科学研究（一个研究天文学，另一个研究医学），但是，他们所追求的都是科学真理，他们所反对的都是宗教神学，他们又都处在同一个封建社会的黑暗年代，因此，自然会有相似的遭遇。

冒险窃尸　解剖人体

1514年，维萨里出生在比利时布鲁塞尔的一个医学世家里。他的曾祖父、祖父和父亲都是当时皇帝宫庭里的御医（就是专为皇帝及其家族成员看病治病的医生）。因此，他的家中自然藏有丰富的医学书

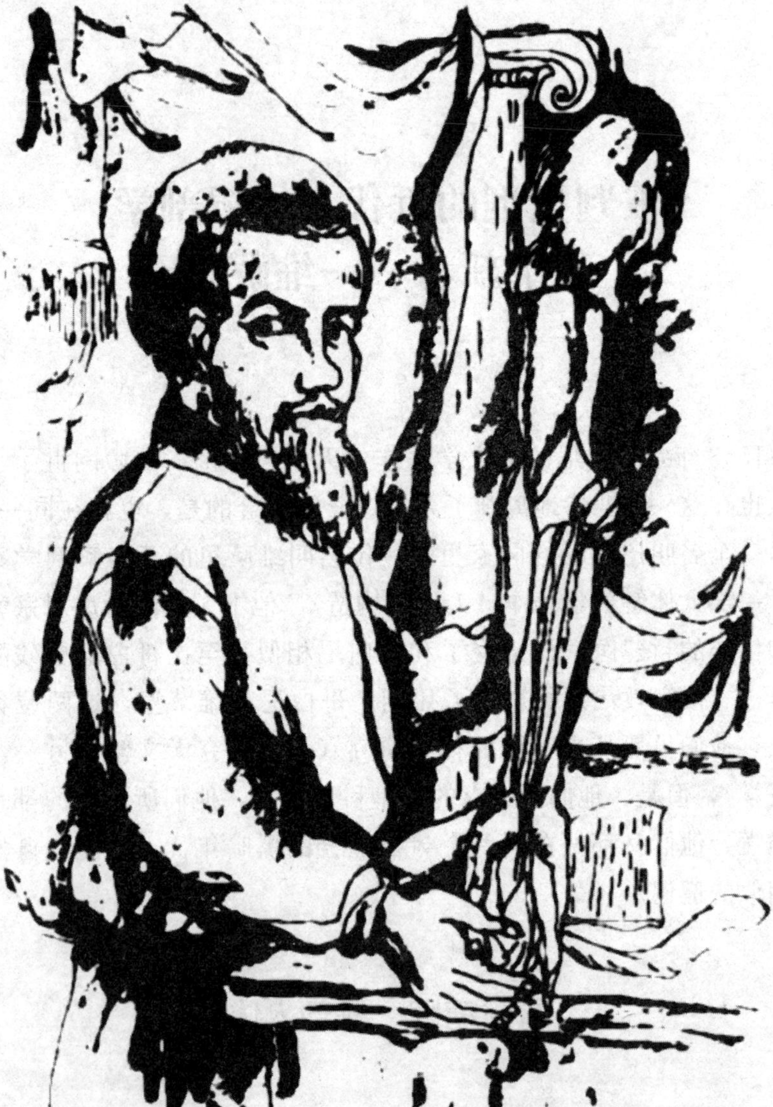

维萨里

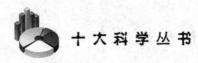

籍，这就使得维萨里从小就开始接触到了许多医药学方面的知识，受到医学环境的影响和熏陶。他的父亲除了为皇帝治病，还利用业余时间从事医学研究，特别是从事动物解剖学的实验研究。

在那个时代，依据宗教神学的规定。人是上帝的儿子，“上帝厌恶流血”，因此，不能随便对人体进行解剖实验，否则，就被认为是违反《圣经》教义，是犯罪，要受到惩罚。因此，人们要了解自己的身体结构，只能解剖像猴子、狗、猫这样的与人体相近、相似的动物，并以此来推测人体的构造及生理方面的情况。维萨里的父亲自然也只能这样做了。因此，在维萨里的家中就有许多他父亲解剖用的老鼠、猫、狗等动物。维萨里经常在旁边看着他父亲做解剖实验研究。维萨里对那些动物非常好奇，特别是被那些神秘的动物构造所吸引。于是，维萨里便给他父亲当助手，和他父亲一起解剖动物，并且还经常向他父亲询问有关动物解剖方面的知识，从而使得幼年时代的维萨里就懂得并掌握了一定的解剖学知识和解剖技术，为他以后进行解剖科学的实验研究打下了扎实的基础。

家庭的影响和强烈的好奇心，增强了维萨里献身医学特别是解剖学的信念和决心。当他把自己的这个想法告诉他父亲的时候，他父亲高兴地立刻把他抱起来，说道：“好孩子，你是我们家族的希望，是医学的希望！”长大以后，维萨里在他父亲的支持下，先后在鲁汶大学、巴黎 大学等学校学医。毕业以后，他又到帕多瓦、波伦亚和比萨大学当教师，从事医学教学工作。

常言道：“不入虎穴，焉得虎子”，“只有调查才有发言权”。意思是，要想真正地了解、懂得某种事物的结构以及它的运动规律，就必须亲自去实验，做一些实际调查。只有这样，才能真正达到目的。否则，那只能是“纸上谈兵”，无济于事。这些道理，可能少年朋友们已经懂得了。维萨里也懂得。可是，维萨里所在的学校却不懂得这个道

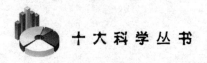

理。他们只是让教师照搬照抄书本上所写的知识，并把它们原封不动地向学生讲述，根本不让老师给学生进行动物解剖表演，不让学生进行实际观察，更不让学生自己亲自动手做解剖实验，只是让他们在一旁观看那些早已解剖好了的动物体中的一块块血肉模糊、根本看不到各个细微部位的各个器官。这使得学生根本无法真正地了解、掌握动物身体的内部结构。当然，也就更不可能发现前人的错误，只能死记硬背课本上的知识。

维萨里对上面的教育方法很不满意。他主张应当让学生亲自解剖动物和人的躯体，以便从中学习解剖技术和医学知识。他把那些只会照本宣科，不会也不懂解剖技术和知识的教师们比喻成“像个寒鸦，高高地栖息在椅子上，极端傲慢地呱呱讲着那些他自己从来也没有亲身了解过的东西”。他说：“如果这样向学生讲课，那会误人子弟。学生跟这样的老师学习解剖学，倒不如跟一个杀猪的屠夫学习，跟屠夫学习也比跟那些老师所学到医学知识多!”

维萨里多次向学校反映，要求配备人的尸体，让学生自己亲自动手解剖人体，但却遭到那些死抱“圣经”不放的校领导的拒绝和攻击。他们攻击维萨里是背叛圣经教义的“疯子”。可是，维萨里并没有被他们的攻击所吓倒。为了更好地上好人体解剖学课，也为了更好地研究人体的结构，揭开人体结构之谜，维萨里便鼓励学生到墓地或刑场上去偷盗尸体。他说：“解剖学是一门科学，不是神学，要学习好解剖学必须做实验。人不是什么上帝的儿子，人与动物一样都是大自然的儿子。人死了以后，他的尸体与动物死后的尸体也没有什么两样。校方不为我们准备尸体，我们就靠自己解决。科学的发展需要勤奋、智慧，但更需要胆量和勇气!”于是，学生纷纷去各处寻找尸体。

维萨里不仅让学生这么做，他本人也以身作则，亲自去寻找人的尸体。这一方面为了教学，另一方面更为了自己的实验研究。

有一天黄昏，维萨里听说在附近刑场上绞死了一个罪犯。这个罪犯没有亲属，被绞死之后，他的尸体没有人来认领拉走。时间长了，尸体上的肉已经腐烂或者被狼吃狗咬，只剩下一堆骨骼了。维萨里听到这个消息后，心里很高兴。他想，这是获得解剖材料的一个很好的机会。于是，他就在当天夜里，冒着被发现坐牢的危险，一个人悄悄地来到了刑场。刑场上寂静无声，阴森恐怖，只有狗和狼叫的声音。维萨里身上穿着大衣，迅速跑进了刑场。当他靠近绞刑架时，果然发现绞刑架附近有一堆罪犯的骨骼。骨骼上的肉已经没有了，只剩下一具完好的人体骨骼。这正好观察、研究人体的各个部分骨骼的构造。维萨里非常高兴。他决定把这些骨骼带回家去。可是，由于骨骼很多，一次很难全部带回去。因此，维萨里只好分批分次地把它们带回去。他首先把一块头颅骨藏在大衣里，把它带回家去，并藏在家中床底下，以免被人发现。白天，维萨里害怕别人发现，不能去拿骨骼，到第二天晚上，他又去刑场去取骨骼。就这样，维萨里用了好几个夜晚，才把完好的一副骨骼带回家中。

有的少年朋友会问，为什么维萨里不让他的学生和他一起去拿呢？人多不是更快吗？是的，人多一次拿的骨骼也多。但是，维萨里担心人多会容易引起别人的注意，会给学生的安全带来影响。所以，维萨里便决定自己去取骨骼。以后，维萨里又从绞刑架、坟和车轮下偷了许多尸体，进行解剖研究。

敢于向权威挑战

维萨里经常一边给学生们讲授解剖学知识，并在课堂上演示解剖实验，一边自己进行解剖研究。他在解剖学教学课上大胆地冲破传统

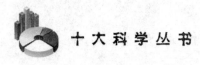

教学理论和方法的束缚，进行了各种教学改革。其中一项重要的教学改革就是，他在课堂上一边给学生们演示解剖尸体的实际过程，一边给学生讲述有关解剖学知识和解剖动作要求，把解剖和演讲同时结合起来，做到了理论与实践相结合，知识讲授与实验操作相结合。为了最大限度地不让尸体上的肌肉腐烂，更好地让学生能够清楚地观察、了解人体肌肉的组织结构，维萨里常常在冬天为同学们上解剖课。另外，维萨里还使用大型解剖图具体指导学生解剖。为了能够让学生同时了解人体各个部分的器官、组织结构，维萨里大胆改革传统教学中一堂课只解剖一具尸体的教学方法，创新出围绕某一部分同时解剖多具尸体的方法。例如，在一具尸体上通过解剖骨骼、肌肉、血管和神经来了解这些部分的结构；在另一具尸体上通过解剖腹部、胸部和脑部来了解这些部分的结构。这样，使学生既能掌握人体中各个器官的构造，又能掌握该器官在整个人体中的地位和作用，以及整个人体的构造情况。

维萨里不崇拜、不迷信传统的教学方法和模式，敢于改革，大胆创新，并且，冲破那些迷信传统、反对解剖实验的教师们的重重阻挠和迫害，取得了很好的教学成果。

另外，还要提到的是，维萨里通过人体解剖，正确地判断出了一些病人死亡的原因，纠正了那些不通过解剖只凭猜测而带来的错误。

一天，一位老人来找维萨里，说他的侄女死了，让维萨里前去看看。维萨里问道："您的侄女是患什么病死的?"那位老人答道："医生说，是由于中毒死亡的。"于是，维萨里便来到了医院，并对那位女孩认真地进行了观察。维萨里认为，女孩不是因为中毒而死亡的。他向老人说："您的侄女不是中毒而死的。因此，我需要解剖一下她的身体。您同意吗?"老人早就听说过维萨里具有高超的人体解剖技术。于是，他便同意了维萨里的请求。维萨里凭着自己扎实的人体解剖知识和熟练的解剖技术，对那位女孩的尸体进行了认真地解剖。解剖完以后，维萨里又对尸体构造进行了仔细地观察。他发现，女孩腹部中的胃、肠等的位置都比正常人高，也就是说，这些器官都在腰部上面，而且肠子都粘在一起，并和胃紧靠到一起，从而使得胃肠之间的距离以及大肠和小肠之间的距离都比正常人的距离要小得多。

为什么会产生上述症状呢？原来，在当时，妇女们把腰细作为美的一个标准。许多妇女都用腰带使劲勒自己的腰，她们认为，这样就能使自己的腰变细变美。维萨里想到这些情况，便向老人问道："您的侄女平时是否总喜欢用腰带勒住腰呢？"老人连忙应声答道："是的，先生，她说这样做能使自己的腰变细变美。"维萨里听罢便说道："这就对了，先生。您的侄女不是因中毒死亡的，而是由于她经常用腰带把腰束得太紧，使得她的内脏器官都被挤压在一起，生理活动受到严重阻碍甚至被破坏而死亡的。"维萨里一边说着一边指着女孩尸体的内脏器官给老人看。老人和周围的人们都非常相信维萨里的判断。从而进一步纠正了原来对女孩死因的错误判断。

不仅如此，维萨里还把他的上述判断同社会上的广大妇女宣传、讲解，让妇女们真正认识到过于束腰追求美反而会影响身体甚至会造成死亡。许多妇女听到维萨里的宣传，特别是看到他的解剖演示以后，便纷纷回家主动地脱去了身上的束腰带，穿上了舒适合体的服装。可见，维萨里的人体解剖在改变传统审美观念方面也起到了很大作用。少年朋友们也应当从中得到启示，树立正确科学的审美意识和着装观念，不要只顾体型而选择那些有损于身体正常发育的所谓的流行服装。在注重自己外表美的同时，更要注重自己的心灵美，做一名"五讲四美三热爱"的一代新人。

维萨里敢于向权威挑战不仅仅表现在上述几方面，更重要地还表现在他根据自己的解剖实验研究，发现并敢于指出权威人士以前在人体构造方面研究中所出现的错误。他也因此受到了攻击和迫害。

盖仑是古罗马时代的一位大解剖学家。他一生解剖过许多动物，对动物组织结构很了解，出版了许多关于这方面的学术著作，被后人称为解剖学的权威，人们只是崇拜他、效仿他，而不敢违背他，更不敢对他的观点产生怀疑，只能把盖仑的解剖学知识当作经典，原封不动地传授给学生。然而，盖仑由于受封建宗教神学的影响，没有解剖过人体。因此，关于人体结构的论述是他通过动物解剖知识推测出来的，其中自然会出现许多错误。维萨里根据自己的解剖实验研究，敢于指出盖仑的错误，不完全崇拜相信他的学说，敢于向盖仑挑战。这在他的解剖学著作《人体的构造》一书中充分地体现出来了。

维萨里通过长期解剖研究人体及其结构，于1543年6月也就是哥白尼的《天体运行论》一书出版及哥白尼去世的同一年，出版了他的一本解剖学著作《人体的构造》。维萨里在这本书中对人体各部分器官组织结构情况都做了详细地说明。全文共分为7卷。各卷主要内容如下：

第一卷是骨骼系统，它具体包括头骨、脊椎骨、胸廓、肢骨、手骨、脚骨、骨骼系统全形。

第二卷是肌肉系统，它具体包括韧带、软骨肌肉、随意肌、不随意肌、肌肉系统全形。

第三卷是血液系统，它具体包括动脉、静脉、脑血管、周身血管分布。

第四卷是神经系统，它具体包括脑神经、脊神经。

第五卷是消化系统，它具体包括食道、胃、肾、肝、小肠、十二指肠、大肠、生殖器官、排泄器官。

第六卷是内脏系统，它具体包括心脏和肺。

第七卷是脑感觉器官，它具体包括脑、视觉、听觉、味觉、嗅觉。

为了便于读者特别是学生阅读理解，维萨里还特意请了一名叫做卡尔喀的著名画家画了300多幅形象、生动、逼真的插图，附加在书中的有关章节里，使得全书图文并茂、通俗、生动、易懂且引人入胜。此外，维萨里还考虑到这本书篇幅很长，读起来颇费时间，就把该书的主要内容及学术思想抽取出来，缩写成了一本小册子，并把它命名为《节录》。《人体的构造》和《节录》出版后，很受读者欢迎，销售量很大。1555年，又再版了这两本书，甚至还有人偷偷地抄袭、盗版此书。这也可以看出这本书在当时的影响是很大的。

关于人体构造，少年朋友们也许已经在小学的自然常识课以及初中、高中的人体生理卫生课中学习了。现代人体科学把整个人体分为8大系统。它们分别是：神经系统、运动系统、呼吸系统、消化系统、排泄系统、内分泌系统、生殖系统、循环系统。每一个系统又分为若干器官，例如，消化系统可分为口、食道、胃、肠、肛门等器官，而每一个器官又可分为若干个组织。把现代人体科学知识与维萨里的上述人体科学知识比较一下可知，它们二者虽然有些出入或区别，但总的来说是大同小异的。可见，在那个年代，维萨里已经比较科学地阐述了人体的构造。这是一项艰难的工作，也是一项很伟大的成就。

维萨里在他的《人体的构造》一书中，不仅比较科学地阐述了人体的结构，而且还阐述了他的科学思想，更主要的是，他在这部书中，不畏权势威胁、恐吓以及宗教神学的攻击与迫害，敢于依靠科学的解剖实验，指出了盖仑关于人体构造的错误，否定了宗教神学关于人体结构的谬误之说。

维萨里在解剖人体时，反对只注意每一个具体的器官结构，而不顾人体结构的整体性。就是说，他反对在解剖观察人体时，“只见树木，不见森林”，只见个体，不见整体。他提倡既要仔细观察，研究人

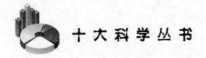

体各器官的具体情况，同时又要注意这个器官与其他器官之间的关系，以及这个器官在整个人体中的地位和作用。例如，他不仅只观察研究胃的情况，同时还要注意胃与肠、胃与心脏、胃与整个消化系统之间的联系。这正像维萨里在他的《人体的构造》一书中所说的那样，"解剖应该是活的而不是死的结构。人体各部分的器官、骨骼、肌肉、血管、神经都是密切相互联系的。每一部分都是整个有机体的组织单位"。可见，维萨里的上述思想充满了辩证联系的思想，与传统的解剖学思想有很大区别。

维萨里只根据实际解剖人体结构的具体情况来研究、阐述人体的结构。他不管在他以前有多少人甚至有像盖仑那样的权威在这方面做过多少研究，形成了多少理论学说。如果他们在其中的哪一个方面或几个方面出现错误，就应当进行纠正，而不因为他们的权威大而畏惧不前，只是机械、教条地效仿和学习。用维萨里自己的话说就是："真实地描写人体的构造，而不管这种描写与古代权威的观点有什么不同。"

维萨里是这样想的，更是这样做的。他在《人体的构造》一书中，明确地指出了盖仑在人体结构方面所存在的错误。

首先，他指出了盖仑在人体骨骼研究上所存在的错误。他在解剖中发现，在骨骼系统上盖仑的错误"竟有 200 多处"。正像他本人在《人体的构造》一书的序言中所说的那样："……盖仑……解剖过很多动物，限于条件，就是没有解剖过人体，以致造成许多错误。在一门简单的解剖学课程中，我能指出他 200 种错误……"这一方面说明盖仑只用动物推测人体结构是不行的，另一方面还说明维萨里严谨求真求实的科学态度和批判精神。

其次，维萨里指出了盖仑在血液循环方面所存在的错误。他虽然没有明确搞清楚血液循环的具体情况，但是，通过解剖实验明确指出，

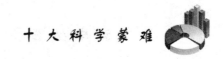

盖仑关于血液通过心脏纵隔从右心室渗入左心室的说法是错误的。在解剖实践过程中，维萨里虽然“在心脏的纵隔上仔细寻找微孔，但始终未能找到”。于是，他认为“不可能找到任何完全穿透纵隔的通道”。

人的心脏是由肌肉组成的，心脏内部有 4 个空腔，上面的两个腔分别叫做左心房、右心房，下面两个腔分别叫做左心室、右心室。心房和心室之间有房室孔的通道相通，但是，左心室与右心室之间的中隔是很厚的肌肉，根本没有孔道。所以，血液是不可能通过纵隔从右心室渗入到左心室的。所以盖仑的说法是错误的，而维萨里的说法是正确的。然而，在这之前，盖仑的错误观点已经统治了人们思想长达 1000 多年！这不能不说是一个很遗憾的事情。由此可见，盲目崇拜某种学说理论而不去认真研究，其结果将会不利于科学的发展。

维萨里通过解剖实验研究还大胆地否定了《圣经》上关于上帝创造人的错误谬论。《圣经》上说，人是上帝创造出来的。上帝最初只创造出了一个男人，后来感到亚当一个人生活太孤独、太寂寞，于是，上帝就用亚当身上的一条肋骨做成了一个女人，和亚当结伴共同生活。按照《圣经》的说法，男人比女人少一根肋骨，男人只有 23 根，女人却有 24 根。这种观点长期统治着人们的思想。

维萨里对圣经的上述观点表示怀疑。他认为，人绝不是由上帝创造的。男人比女人少一根肋骨的说法是缺乏事实和科学根据的。于是，他通过解剖人体，对男人和女人的肋骨进行了比较研究。结果他证实了自己的怀疑和看法，男人和女人的肋骨数都是 24 根，根本就没有什么不同。在严证的科学面前，《圣经》的骗人谬论原形毕露了。

屡受迫害 被判死刑

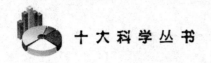

科学与神学是不可相容的。坚持和发展科学，就意味着对宗教神学的批判，也就必然遭受到宗教神学的统治者以及一些愚昧无知的跟随者的攻击与迫害。哥白尼、布鲁诺、伽利略是这样，维萨里同样也是这样。

前面讲过，维萨里偷窃尸体解剖，在教学上一边给学生做解剖人体实验，一边讲解与之相关的解剖知识，他不崇信权威、封建神学的旧的甚至是反动的理论，敢于大胆怀疑，依靠解剖实验进行纠正。这一切都遭到了宗教统治者及其信徒们的反对与迫害。正因为如此，他在巴黎大学医学院读书时，被学校当局开除了学籍，并不准他获得学位，使他被迫离开巴黎。1544 年，维萨里到意大利帕都瓦大学担任解剖学教师，又因为解剖人体和研究人体结构，被学校开除，被迫离开了这所学校。

维萨里接连遭受迫害和打击，感到很气愤。他痛恨封建统治者压抑、束缚科学研究。他感到，在这个崇信神学、反对科学的黑暗时代里，从事科学研究没有什么希望。于是，他一气之下便把他历年来辛辛苦苦撰写出来的有关解剖学方面的著作、手稿和札记全部烧了。以后，维萨里辗转到了西班牙，决心从此当一名医生，不再进行人体解剖研究工作。

虽然维萨里放弃了自己的研究工作，但是，维萨里的一系列科学研究活动，特别是他在《人体的构造》一书中所阐述的坚持科学真理反对权威，批判宗教神学的科学知识和科学思想，早已引起了封建统治的愤怒与仇视，他们并没有因为维萨里放弃人体解剖研究而放过他。他们感到，维萨里的存在会严重威胁他们的反动统治，因此，他们要设法除掉维萨里。

为了除掉维萨里而又不引起众怒，宗教裁判所便阴谋想出一条诡计。他们首先派信徒们到四处散布谣言，说什么维萨里解剖了一位心脏还在跳动，还没有真正死亡的贵族妇女。这位妇女原来没有死，是因为维萨里解剖她的身体而把她弄死的。维萨里敢解剖活人，特别是敢解剖一个还在活着的妇女。他们四处狂叫：维萨里是个杀人犯，应当受到惩罚。

上述谣言骗语受到了那些原来就对维萨里强烈不满的宗教信徒以及权威崇拜者的欢迎，同时，也蒙骗了一些不明事实真相，而又对科学无知的群众。一时间，他们聚集在一起，要求惩办维萨里。

宗教裁判所认为时机已到，就下令逮捕了维萨里。在法庭上，他们向维萨里问道："维萨里，你解剖活人，特别是敢解剖活着的女人，并使她死亡，你知罪吗?"维萨里立刻答道："这纯属谣言，我从来没有做过这种不道德的事情。我从事解剖实验研究工作只是为了解开人体之谜，为了发展医学和解剖学。"宗教裁判所为了达到他们的目的，就出示了他们事先准备好的证据，又对维萨里说："现在有人证和物证，维萨里，你还有什么话可说!"听众席上坐着的大都是宗教神学的信徒，他们也随声附和着，表示支持法庭意见。最后，宗教裁判所判处维萨里死刑。看到这一切，维萨里感到这是宗教裁判所事先早已设计好的阴谋，他不想再争辩什么。维萨里似乎早已预料到了这一切。他只有以死来证实他的科学活动及其思想，把自己的生命献给科学事业，为发展生理学和人体解剖学献出自己的生命。

维萨里的朋友们听说他被判处死刑，便纷纷前来向宗教裁判所说情，请求免于维萨里的死刑。宗教裁判所也考虑到，维萨里以前曾经是皇帝宫廷中的御医，为皇帝治病有过功劳，于是，就撤销原来的死

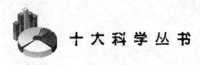

刑判决，但强迫维萨里前往很远的一个名叫耶路撒冷教堂去朝圣，向上帝忏悔自己的罪行，以此求得上帝的原谅。为了保存自己的生命，以便有机会继续进行科学研究，维萨里被迫答应去朝圣和忏悔。此后，经过一个漫长的朝圣忏悔过程，维萨里被允许返回自己的祖国。正当维萨里满怀重获自由的喜悦心情，踏上归国征途的时候，不幸的是他乘坐的船在大海中突遇暴风雨，最后被大海夺取了宝贵生命。应当说，维萨里是被宗教裁判所迫害致死的，在怨恨大海夺取维萨里生命的同时，我们更应当憎恨那个由宗教神学统治的黑暗的中世纪的封建社会，同时也由此更加热爱我们伟大的祖国，更加珍惜今天这个改革开放的大好形势和美好时光，好好学习，天天向上，为伟大祖国的繁荣昌盛奉献我们的聪明才智。

“为自己的信念而死过两次”的近代肺循环发现者——赛尔维特

如果我们把肺循环发现者、医学、生理学家塞尔维特所受到的宗教残害和天文哲学家布鲁诺相比较，你会发现塞尔维特所受的残害比布鲁诺还厉害。布鲁诺被宗教裁判所一次烧死了，而塞尔维特却被宗教裁判所烧死过两次。为什么这样说呢？这是因为第一次塞尔维特越狱逃跑了，宗教裁判所便把他的画像烧了，以示烧死他。第二次，宗教裁判所在烧死他之前，还用火活活地把他烤了 2 个多小时，最后才把他烧死。可见，塞尔维特所受的残害与布鲁诺相比可以说是有过之而无不及了。这也从另一方面看出宗教神学的反动统治者对科学家的残害是多么的残暴！

批判“三位一体”谬论　受迫害被迫背井离乡

塞尔维特出生于 1511 年，他是西班牙人。关于他的具体出生地点有许多不同的说法。有人说他出生在西班牙的一个名叫图德拉的地方，还有人说他出生在西班牙的一个名叫阿拉贡的地方。关于塞尔维特的幼年时代生活情况，我们还不太清楚。只知道他是一个天资聪慧，

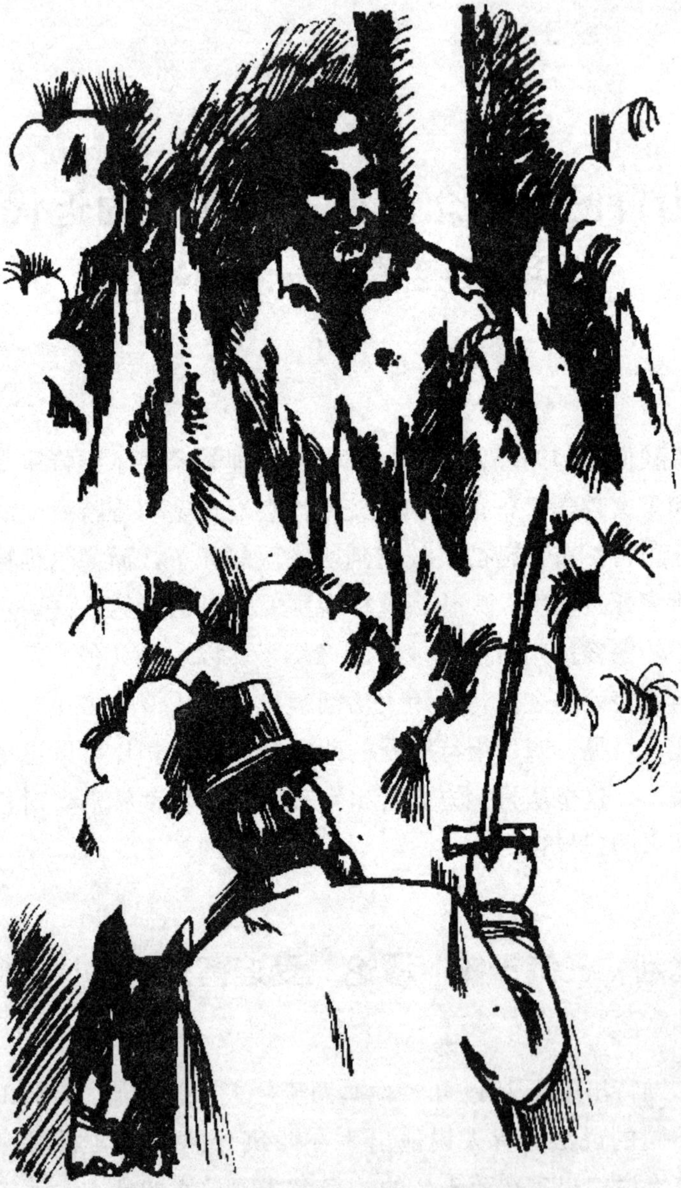

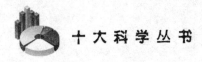

塞尔维特在火刑场上的气概

好说好动，好奇心强，而且勤于思考，脾气暴躁的人。这与他以后不崇拜和畏惧反动权威，敢于向他们挑战紧密相关。

塞尔维特喜欢到各地去旅行，更喜欢到各地学校学习。他喜欢读各种各样的书，其中有法律、地理、天文、医学还有神学。其中他最喜欢学习的是医学。他几乎博览了当地所有医学著作，他对关于人体血液流动的种种说法都表示怀疑，特别是对盖仑的关于血液以及血液循环的“三位一体”学说深感不满。他不喜欢神学，他认为神学没有事实根据，完全是骗人的谬论。而盖仑的“三位一体”学说又是和神学联系在一起的，这更引起了塞尔维特的强烈反对。

那么，盖仑的“三位一体”学说是怎么一回事呢？

在塞尔维特之前，已经有许多科学家、哲学家对血液进行了认识和研究。只不过在那时，他们大多把血液看成是一种神秘的带有灵气或灵魂的物质，因此，血液被添上了一层神秘的色彩。

人们在签订协议，常常用到血液，如中国就有以血表示庄重和信誉；还有人把它用在婚礼上，表示男女忠贞不渝的爱情和同甘苦、共患难，白头到老的决心；把它用在兄弟结拜仪式上，表示生死与共，生死不离、不背兄弟情义的决心；把它用在纪念性的仪式上，表示隆重、严肃，或者诚心诚意；把它作为防御疾病的护身符，表示能够逢凶化吉，遇难成祥，幸福康健。总之，人们把血液看成是心灵的象征和吉祥物。

有人把血液看成是一种与人性格相关的特殊物质。他们认为，人的性格、品性都附着在血液之中，并随着血液相互传递着。如果把一个人的血液输送给另一个人，那么，这个人的性格也就随着血液一起被输送给另一个人了。于是，人们就形成了这样一种说法，输血可以改变一个人的性格和个性。据当时一个名叫巴塞林的人报道，他曾检查过一个姑娘。这个姑娘所表现出来的性格和猫的性格差不多，其原

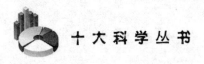

因就在于这个姑娘曾经喝过猫的血，猫的性格随着它的血液一起传给了这个姑娘。现在看来，这当然是荒唐可笑的。

上述种种说法都是当时的人们在不懂科学的情况下主观胡乱猜想出来的，根本没有科学根据。就像原始人不知道闪电、打雷是怎么回事，而只能把它们都看作是天公神仙发怒了一样。

那个时代的科学家和哲学家虽然对血液进行过研究，但也是在神学思想指导下进行的。例如，哲学家希波克拉底和亚里士多德都认为，“血液的运动是生命过程的基础”。亚里士多德认为，“心脏是人体内最重要的器官，它是智慧的所有地”。他甚至认为，心脏是思维的器官。就是说，人思考问题靠的是心脏，心脏具有思维意识和功能。实际上，人脑才是思维的器官，人靠脑思考问题。心脏只是人体血液循环的动力器官，它是由肌肉组成的，根本不会思维，也不能够思维。现还有许多人还经常问对方：“你心里是怎样想的呢?”还有一首歌的名字叫做“其实你不懂我的心”。这些说法如果从科学角度来看都是不准确、不科学的，只不过是人们的一种习惯说法而已。

盖仑是古罗马时代的一位医学家、解剖学家。但是，他在对血液的认识上，却充满着浓烈的神学色彩。他虽然认识到了“动脉和静脉运输的都是血液”，“还知道动脉和左心室中的血都是鲜红的”(这些认识都是对的)，但是，在回答血液是从哪里产生出来的，它是怎样流动的，为什么动脉血的颜色是鲜红的，而静脉血的颜色却是暗红的等之类的问题的时候，盖仑却犯了严重的错误。

盖仑认为，血液是从肝脏中产生出来的。血液从肝脏产生以后便直接流向全身各部分器官，最后消失了。如果人体再需要血液，那么，肝脏再重新产生血液。这就是说，肝脏是血液的起点，全身各部分器官是血液的终点。为什么说盖仑的这种说法是错误的呢？英国有一位名叫哈维的生理学家对血液流动进行过测量计算。实验结果表明，人的心脏里的左心室可以容纳 2 英两的血液（英两是英国的重量单位），心脏每分钟跳动 72 次。这样，人的心脏在 1 小时内排出的血量就等于 72 次×2 英两×60 分钟＝8640 英两。这些血的重量相当于成人体重的 3～4 倍。假设成年人的体重是 60 千克，那么上述血液的重量就是，60×（3 或者 4）＝180 千克或者 240 千克。你想一想，肝脏 1 小时内能排出这么多的血液吗？假设肝脏能排出这么多的血液，那么，人的体重就不是 60 千克斤而是 60＋（180 或 240）＝240 千克或者是 300 千克了。这是根本不可能的。所以说，盖仑的说法是完全错误的。

盖仑还认为，动脉血之所以是鲜红的，是因为它获得了“灵气”，静脉血之所以是暗红的，是因为它失去了“灵气”的原故。那么“灵气”又是从哪里来的呢？盖仑说，它是在肝脏、肺和脑中产生出来的。肝脏能产生“自然灵气”，肺能产生“活力灵气”，而脑则能产生“动物性灵气”，也就是“智慧灵气”。这三种灵气混合以后进入到血液，使血液获得“热量”，血液再把这些灵气输送给人体中的各个器官，从而使人体获得了“生命灵气”，也就获得了智慧和生命能力了。这就是关于“生命灵气”的“三位一体”学说。

盖仑把“灵气”分为自然灵气、活力灵气和智慧灵气三种。这种说法很受宗教神学的赏识。宗教神学家们根据盖仑的上述“一分为三”的说法，又进一步把人分为僧侣、贵族、平民三类；把自然分为动物、植物、矿物三种；又把动物分为鱼、兽、鸟三种；接着又把上帝分为圣父、圣子、圣灵三位一体。这样，盖仑的“三位一体”的“灵气”说就和宗教神学的“三位一体”上帝分类说紧密联系在一起了。宗教似乎从中找到了自然科学基础，找到了骗人的依据。

事实上，盖仑的“三位一体”说纯粹是一种主观的错误猜测。血液里根本就不存在什么三种“生命灵气”，宗教神学利用盖仑的说法实际上是为他们的封建统治服务的。

然而，长期以来，人们没有发现盖仑上述观点中的错误，更没有识破神学家利用盖仑学说，鼓吹上帝“三位一体”，用它来欺骗人们的鬼把戏，只是机械地学习和效仿它，从而阻碍了人们进一步认识人体和生理学的发展。

塞尔维特读罢盖仑的著作以后，便感到盖仑的血液“三位一体”说是完全错误的理论，《圣经》上的上帝“三位一体”说更是骗人的荒唐谬论。于是，塞尔维特就写了一本名叫《论三位一体的错误》的著作，一针见血地指出，“三位一体”是完全错误的。塞尔维特认为，人体内只有一种血液。而且，血液里面也不存在着什么三种“生命灵气”，只存在着一种灵气，这种灵气就是神，其他两种灵气根本不存在。就是说，血液里面不存在盖仑所说的“三位一体”。不仅如此，塞尔维特还进一步指出，血液中的“灵气”本身就是血液。也就是说，血液就是灵气，灵气就是血液本身。这样说来，塞尔维特就把宗教神学所说的灵气说成是一种自然血液。人如果死了，血液也跟着一起消失，灵魂也随之消失。这样，塞尔维特不仅否定了神学“三位一体”谬论，而且还把他们一直崇拜的永存不灭的神灵也抛弃了。

严格来讲，塞尔维特虽然否定了神灵的存在，但他仍然承认血液中存在一种神灵。这说明他还没有完全摆脱宗教神学的束缚，还受着神学的影响。科学研究表明，血液中只有红细胞、白细胞、血小板、凝血因子、酶和抗体等物质。它是由这些物质组成的生理流体，是一种能够流动着的液态的组织。血液中根本就不存在任何“灵气”。然而，尽管如此，塞尔维特能够在那个宗教神学统治的黑暗社会里，敢于揭露宗教神学的反动本质，号召人们起来推翻神学统治，相信科学，坚持真理，就很不容易了。

塞尔维特的书出版以后，立即产生了强烈的社会影响，更使得天主教和耶稣教的监察官们大为恼火。他们一方面派遣信徒恶毒攻击塞尔维特，并把他的书列为禁书，禁止出版发行；另一方面，他们又纠集大批宗教爪牙四处搜查塞尔维特的住处，以便抓捕他，企图像对待伽利略、布鲁诺那样，迫害甚至杀害他，以达到维护宗教神学统治的反动目的。为了继续与宗教神学反动势力进行斗争，发展科学，坚持真理，塞尔维特被迫背井离乡，逃往法国，开始了他艰难的流亡生活和斗争之路。

发现肺循环　被骂为“狂妄的恶魔”

塞尔维特被迫离开自己的祖国以后，先后到过法国、奥地利、瑞士等国家。在法国的一个名叫里昂的城市里，塞尔维特跟一个医生进一步学习医学。他经常和这个医生一起为人治病，从而掌握了人体的构造。1536年，塞尔维特来到了法国首都巴黎。在这里，他学习地理学、天文学，还有医学。他跟随当时著名天文学家、数学家、医生安德纳赫的约翰内斯·金瑟学习医学，并且还当他的助手。在巴黎大学，塞尔维特在学习过程中，意外地遇到人体解剖学家维萨里。两个人一见如故，经常在一起学习医学，一起进行人体解剖实验研究。当维萨里把他的研究成果，特别是把他对盖仑的学说表示怀疑的想法告诉塞尔维特的时候，塞尔维特非常高兴。他说：“我也认为盖仑的说法是错误的。我认为应该认真研究人体血液流动的原理，搞清楚血液是怎样在人体内流动的。”维萨里听罢，便赞同道：“我很赞成你的建议。现在我虽然否认了盖仑关于血液能从心脏的右心室流向左心室的说法，但是，我还没有真正搞清楚血液流动过程和原理，我很支持你进行研究。”

于是，在维萨里的热情支持下，塞尔维特以极大的热情，不顾宗

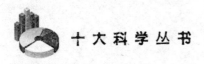

教神学的迫害，继续研究人体血液流动。最后，他基本上弄清了人体血液流动机制，发现了“血液肺循环”流动现象。1553 年，塞尔维特又写了一部著名的医学著作《论基督教的复兴》。

在这部著作中，塞尔维特根据他对人体血液流动情况以及心脏、动脉、静脉、肺等器官的观察与研究，创立了血液肺循环流动理论。他在书中是这样说的，血液“流动不是像一般人所认为的那样经过心脏的纵隔，而是有一种专门的手段把精细血液从有心室驱入肺中的一条直接通道。……并从肺动脉注入肺静脉。在这里它同吸入的空气相混合，其中的烟气通过呼吸清除掉。最后同空气完全混合，并在其膨胀时被左心室吸入……”。

塞尔维特上面那番话讲出了血液在肺中的循环流动过程。它说的是，血液从右心室流到肺动脉，然后再由肺动脉流向肺静脉，同时在这个过程中，血液与空气混合，把血液中的杂质排除掉，使得原来含有杂质的暗红色的血液变成了鲜红色的血液。然后，再进入左心室，接着又开始新的循环流动过程。

这里要补充说明的是，塞尔维特发现的上述肺循环只是人体血液循环整个过程中的一小部分。它还没有弄清楚人体整个血液循环的具体情况。然而，在那个年代，塞尔维特能够比维萨里进一步说明血液流动情况，从而发展了人体解剖生理学，这已经是一件非常了不起的大事情。因为，它不仅仅发展了科学，更重要的是，它猛烈地批判了宗教神学。宗教神学认为，只有天上才有循环运动，在上帝或者神居住的地方才有循环运动，在地上、人间、人体里根本没有循环运动。托勒密发明的地心说理论，胡说什么所有星星围绕地球进行圆周循环运动，地球是宇宙的中心。这种理论之所以受到宗教神学的欢迎，是因为它符合神学意愿；盖仑说人体血液流动从肝到全身器官进行直线运动，它证明、赞成宗教神学的上述谬论，所以，也受到神学的拥护。

而塞尔维特却与盖仑说的相反，认为人体血液流动是进行圆周循环流动。这就是说，人间、地上、人体内同样也有循环运动，宗教神学的说法是完全错误的。塞尔维特的理论是对宗教神学最有力的批判，同时也发展了医学科学事业。

塞尔维特发现的肺循环为以后全面发现人体血液循环打下了坚实的基础。

以后，英国著名医生、生理学和实验生理学的先驱者哈维在塞尔维特研究成果的基础上，进一步研究了人体血液循环流动的具体情况。他在1628年写了一本著名的血液循环理论著作《心血运动论》。在塞尔维持的肺循环基础上又发现了另外一种血液循环流动理论。他把这种血液循环称为“体循环”。他说，血液从心脏的右边流入到了肺以后，再流入心脏的左边，再从左心室流到全身，最后再由全身流回心脏的右心房。虽然受当时各方面条件的限制，哈维远没有详细说明血液的体循环流动过程。但是，经过塞尔维特和哈维两人的共同努力，人体血液循环流动情况基本上被发现了。人体解剖医学、生理学终于冲破了宗教神学的束缚获得了迅速发展。

现代医学、生理学已经弄清了人体血液循环的全部过程。现在人们把塞尔维特发现的血液循环叫做“小循环”或者“肺循环”，而把哈维发现的血液循环叫做“大循环”或者“体循环”。人体血液循环系统是由这两部分血液循环组成的。

那么，人体血液循环究竟是怎么一回事呢？

1. 血液大循环（体循环）流动过程是：血液从心脏的左心室出发，流向粗大的主动脉血管，接着，再流向较细小的动脉血管，以后，又流向更细小的动脉血管，最后流向全身像毛发那样细小的毛细血管。毛细血管和人体中的各个器官靠得很近，它可以直接接触到各器官的组织里。血液在这里可以同器官进行物质交换，把血液中的氧和营养物质送给器官，供给它们物质和能量。同时，再把器官排出来的二氧化碳废物带出来，沿着小静脉血管、大静脉血管、腔静脉血管，又回到了心脏的右心房，再经过右心房与右心室之间的通道流到右心室。这样，血液就像车一样，把它装的氧和养料运送给了全身器官，供给它们进行生理活动（如运动、学习、工作等）所需要的物质和能量；再把这些器官中的生理代谢出来的废物（如二氧化碳等）装上车运送出来。那么，在血液这辆车上装的氧和养料是从哪里来的呢？它装运的废物又是通过什么途径排出去呢。原来，血液中的营养物质是从胃、小肠中获得的。而氧气和二氧化碳是通过肺循环获得和排除的。

2. 血液小循环（肺循环）流动过程是：血液从右心室出发，沿着肺动脉流到肺部的毛细血管，这时，通过人的呼吸作用，血液在肺中进行气体交换，通过吸气，吸收氧气，通过呼气排除二氧化碳。以后，再流经肺静脉血管，最后流到心脏的左心房，通过左心房与左心室之间的通道，进入到了左心室。再通过左心室进入到下一回的大循环或体循环流动。

从上面的叙述中可以看出，肺循环和体循环是紧密联系在一起的。它们的起点和终点都是心脏。肺循环的起点在心脏中的右心室，终点在心脏中的左心房；体循环的起点在心脏中的左心室，终点在心脏中的右心房。右心室和右心房、左心房和左心室都是相通的，所以在肺循环和体循环中流动着的血液都是同一种血液，肺循环的终点（左心房）和体循环的起点（左心室）相通；体循环的终点（右心房）和肺循环的起点（右心室）相通。这样，在体循环中，血液把它所带的氧气和养料送给人体器官后，就使得原来鲜红的血液（动脉血）变成了含有二氧化碳的暗红的血液（静脉血）；在肺循环中，经过肺呼吸，血液把原来在体循环中所带来的二氧化碳排出去，又吸收新鲜的氧气，使得原来的暗红色的血液（静脉血）又变成了鲜红色的血液

(动脉血)。这样，血液循环流动不止。人体血液循环流动情况可以用如下平面图表示：

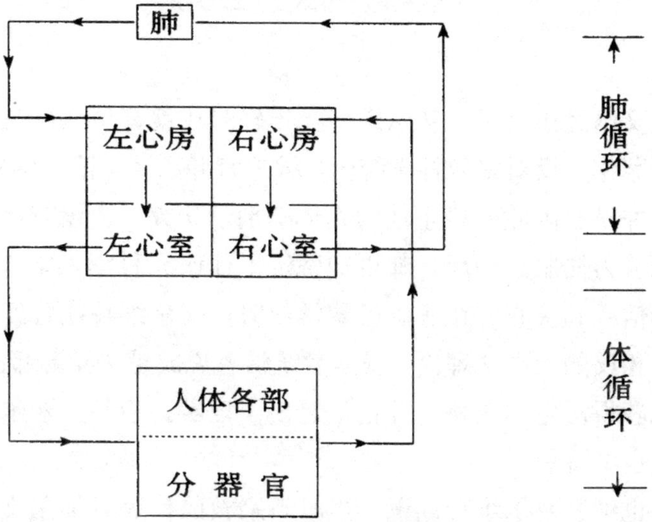

人体血液循环平面示意图

上述现代人体血液循环理论都是在维萨里、塞尔维特和哈维研究的基础上形成和发展起来的。可以说，没有他们的努力就没有现代血液循环理论。“万事开头难”。任何一件事，最开始做的工作往往是最艰难的工作。因为它需要一种创新精神和胆量，甘愿为此付出自己的努力和代价。塞尔维特第一次科学地发现了血液肺循环流动理论，并敢于以此批判宗教神学的谬论，因此，他受到了宗教统治者的残酷迫害，最后被活活地烧死了。

两次被判火刑致死

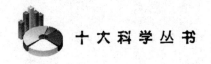

在前文已经讲到了，塞尔维特在年轻时代就写了《论三位一体的错误》的著作，反对宗教神学统治，被迫背井离乡，流亡国外。但是，塞尔维特并没有因此而停止他的人体解剖学研究，也没有因此向宗教神学反动势力屈服。相反，却更加坚定了他研究科学，坚持真理，战胜宗教的信心和决心。在法国巴黎学习时，塞尔维特就曾经提出了与宗教神学相反的天文学理论，被宗教统治者说成是“异端邪说”。学校取消了他获得医生的资格，并把他赶出了巴黎。于是，塞尔维特又流亡到了维也纳等地。

在维也纳，塞尔维特认识了当时新宗教的代表者加尔文。塞尔维特同加尔文展开了斗争。为什么说加尔文是新宗教的代表呢？新宗教与旧宗教有什么关系？塞尔维特又是如何同新宗教展开斗争呢？

如果学习了“世界历史”、“社会发展史”等课程，就会知道，在15—16世纪的欧洲，除了在意大利出现文艺复兴运动，在德国也出现了规模巨大、影响甚广的宗教改革运动。这场运动的倡导者是一位名叫马丁·路德的神学家。他反对旧宗教，倡导新教。旧宗教认为，人应该举行各种仪式（如定期到教堂）向上帝祈祷、忏悔。只有这样做才能真正地信仰上帝，死后才能升上天堂，否则，就是背叛上帝，死后要入地狱。然而，路德却认为，人只要在心灵里信仰上帝就行，用不着整天到教堂去做礼拜。宗教神学设立各种统治机构都是没有用的，应当把它推翻掉。可见，路德所倡导的新教与旧教的最大不同就在于，它反对宗教神学的统治，要求信仰自由。从而得到了当时新兴资产阶级和广大群众的支持。以后，法国神学者加尔文继承并发展了路德的新教，“提倡个人拥有私人财产，发财致富最光荣”。新教认为，研究万事万物的发展规律是对上帝的爱戴。这在一定意义上支持科学研究。可见，新教与旧教相比较，在科学研究上是进步的，而旧教是完全反对科学研究的。

但是，尽管新教在支持科学研究上比旧教进步，但它在本质上与旧教也是相同的。新教仍然信仰崇拜上帝和神，它之所以支持科学研究也是为了证明上帝和神的存在，实现上帝的意志，也是为上帝服务的。加尔文虽然是新教的倡导者和代表者，但他仍然崇拜上帝，仍然是上帝的忠实走狗。他虽然支持科学研究，但是一旦发现科学研究的成果，与上帝意愿不相符合时，例如，哥白尼经过天文学研究，创立了与原来托靳密“地心说”相对立的“日心说”，反对宗教神学，在这个时候，加尔文就立刻反对哥白尼的日心说，又成为旧教的朋友和科学的敌人了。就是说，当科学研究和发现与旧的圣经教义相矛盾的时候，加尔文所代表的新教又站到旧教的一边同旧教联手共同反对科学。所以说，新教依然是科学的敌人，它最终还是阻碍了科学的发展。加尔文不是科学的支持者，仍然是宗教神学的信徒或走狗。

研究与发展科学并信仰科学真理的塞尔维特自然不可能成为加尔文的朋友。他虽然在表面上向加尔文学习神学，但是，他却反对加尔文的新宗教理论。他在读加尔文著作的时候，深切地感到加尔文所说的支持科学研究是骗人的，是虚伪的。加尔文的谬论更容易欺骗别人，使人上当受骗。因此，他决定揭露加尔文的丑恶嘴脸，向人们揭露加尔文新宗教的反动本质，号召人们彻底反对宗教神学，维护和发展科学。

于是，塞尔维特便在加尔文的著作中，对加尔文所说的都进行了注释，在注释里，塞尔维特对加尔文的谬论一一地进行了严厉的批判，其中有些还带有侮辱性。当塞尔维特离开维也纳的时候，他便把这本书返交给了加尔文，为的是让加尔文读一下，不要再用神学骗人，也不要再反对科学。加尔文阅读完塞尔维特写的注释以后十分恼火。他写信告诉他的朋友说："请你转告塞尔维特，有朝一日他如果再回到维也纳或者是日内瓦，他就别想活着回去！"可见，加尔文不但没有认真听从塞尔维特的说服与劝导，改邪归正，回到科学这一边，成为科学的朋友，共同反对宗教神学，发展科学事业，相反，他却要杀害塞尔维特。这就充分暴露了加尔文的反动本质。

以后，塞尔维特出版了他的伟大著作《论基督教的复兴》一书，在书中，塞尔维特不仅阐述了他的肺循环理论，而且还在书的结尾处又对加尔文的宗教神学谬论进行了抨击。这就更加激怒了加尔文。于是，加尔文上告宗教裁判所，要求搜捕塞尔维特。于是，宗教裁判所便把塞尔维特逮捕了。

加尔文对塞尔维特进行了残酷的审讯，以此对塞尔维特进行报复。他强迫塞尔维特向他低头认罪，并答应永远放弃自己的肺循环学说，信仰上帝和神学。然而，塞尔维特却临危不惧。他向加尔文怒斥道："你这个神学走狗！这个身披人皮的狼！你表面上提倡新教，反对旧教，支持科学研究，但是你却仍然相信上帝，极力反对科学理论，你比旧教更阴险，更狡猾。你将会受到科学与历史的报复！"加尔文听罢，暴跳如雷，立即判处塞尔维特死刑。

就在要对他施刑的前一天晚上，塞尔维特设法逃出了监狱。加尔文仍不罢休，他一方面派他的爪牙四处搜捕塞尔维特，另一方面，他把塞尔维特的著作"用文火慢慢地烧成灰"，以彻底清除所谓的"异教邪说"，他们还给塞尔维特画了一幅像，用火焚烧这幅画像，以表示把他烧死。这便是宗教神学对塞尔维特所进行的第一次"火刑"。

塞尔维特逃出了加尔文的魔掌以后，继续宣传科学真理，反对加尔文新宗教。然而，他最终还是没有逃脱掉宗教神学统治者布下的魔网。塞尔维特逃出监狱以后不到四个月，就在日内瓦第二次被捕了。加尔文决定对塞尔维特实施火刑。塞尔维特视死如归，他笑着对加尔文说："你虽然逮捕了我的身体，但逮捕不了我的心，你虽然烧毁我的躯体，但却烧死不了我对科学真理的忠诚和信仰，未来会属于科学和真理。"加尔文的朋友也向加尔文求情，希望将火刑处死减轻为用剑处死或先勒死后再烧死。但是，加尔文却被塞尔维特的宁死不屈的豪言壮语激怒了。他命令刽子手用铁链把塞尔维特牢牢地锁在火刑柱上，并对塞尔维特实施了火刑。塞尔维特的著作除了 3 本手抄本幸存下来以外，其他的也都随他一起被烧毁了。

塞尔维特为了研究人体血液及血液循环，揭开人体之谜，同宗教神学统治者进行顽强地斗争，最后受到了比天文哲学家布鲁诺更加残酷的杀害。这更加充分暴露出了封建宗教神学的反动本质。另外，也说明了科学与神学是不相容的，二者不可能统一在一起。那种企图将科学与宗教、神学统一起来的想法和做法是根本不可能达到的。要研究科学，发展科学，就要相信和依靠科学，坚定不移、坚持不懈地同宗教神学进行斗争。"要奋斗就会有牺牲"，要把科学从宗教神学的束缚和桎梏中拯救和解放出来，就要求科学家为此进行艰苦努力和持续不断地斗争，并不惜付出血的代价。哥白尼、伽利略、布鲁诺证明了这一点，维萨里、塞尔维特也证明了这一点。

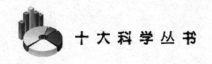

遭受迫害与凌辱的现代女物理学家——居里夫人

居里夫人

诺贝尔是瑞典著名的化学家，他一生中为人类文明和科学技术的发展做出了许多巨大的贡献。他用自己一生中所获得的收入设立了一种奖励制度，其目的是为了促进自然科学和人类的和平与发展。诺贝尔奖就是以诺贝尔本人的名字来命名的一种奖励制度。它一直激励着无数科学家致力于科学研究。到现在为止，已经有许多科学家获得了诺贝尔奖。然而，在这些诺贝尔奖获得者中间，只有一位女物理学家，一生中在物理、化学两个不同的科学领域中连续两次获得这项大奖。她，就是波兰著名的物理学家——居里夫人。

居里夫人一生坎坷不平。她克服重重困难，忍受各种权势、愚昧偏见的迫害与凌辱，先后发现了“钋”和“镭”这两种放射性元素，为人类揭开了放射化学的序幕。然而她自己却因操劳过度，屡受各种

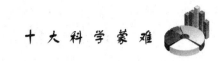

反动舆论和权势的攻击与迫害，再加上被放射性物质所伤害，过早地离开了人世。居里夫人的一生既是光荣伟大的一生，同时也是艰难困苦的一生。她用自己的艰苦努力和巨大荣誉，诉说着一个科学家的忧与喜、苦和乐。

早年丧母　国破家亡

1869 年 11 日 7 日，居里夫人出生在波兰首都华沙。她原来的名字叫做玛丽·斯可多罗夫斯卡，后来她与著名物理学家居里结婚，所以，人们便习惯地称她为居里夫人。

玛丽的父亲是一所学校的校长，她的母亲一共生了 5 个孩子，玛丽是最小的一个。由于父亲的工资收入很少，因此，玛丽从小就过着比较贫寒的生活。

在玛丽出生的那一年，波兰已经被俄国完全占领，成了俄国统治下的殖民地。当时，学校只允许用俄语讲课，而不准用波兰语讲课。就像日本军国主义曾经侵占我国东北，不许人们讲汉语只许讲日语一样。学校里所有的公职人员都由俄国人担任。玛丽的父亲虽然是学校的校长，但也不敢公开顶撞俄国人，经常回到家里向孩子们讲述俄国统治者的种种罪行。这在居里夫人幼小的心灵上，深深地刻下了亡国的创伤。她非常痛恨俄国人的侵略行为，决心长大以后，把俄国统治者赶出波兰，为祖国的独立与自由做贡献。

正当玛丽立志好好学习，报效祖国的时候，更不幸的事情发生了。

在玛丽长到 16 岁的时候，她的母亲因为积劳成疾，过早地离开了人世。不仅如此，曾经十分关心照顾她的大姐也在母亲去世以前，因患斑疹伤寒病而离开了她。早年丧母，国破家亡，巨大的悲痛侵袭着玛丽，使她过早地承受着人世间的磨难与痛苦。然而，生活中的苦难并没有把玛丽吓倒，相反，却培养出了她坚韧不拔的性格和毅力。她强忍着悲痛，把泪水往肚里咽，决心用自己勤劳的双手去创造自由、幸福的明天。

帮助姐姐出国学习

玛丽从小就聪明好学，刻苦努力。她在学习过程中表现出惊人的记忆力和理解力。同样阅读一篇文章，她都比姐姐和其他同学背得快、记得快；同样做一道数学题，她也都比哥哥、妹妹以及其他同学做得对、做得快。中学毕业时，她的学习成绩全部优秀，获得了金质奖章，受到了学校老师和同学们的称赞。按照玛丽当时的学习成绩以及她本人的素质和能力，她完全能够考上大学，进一步深造。玛丽本人也想成为一名大学生，继续学习，长大成为对祖国和人民有用的人。

可是，当时由于波兰被俄国人侵占，政府规定只允许男子考大学，不允许女子考大学。玛丽对这种不平等的待遇深恶痛绝，她气愤地说："男人女人都是人，为什么只让男子上大学而不让女子上大学呢？"她决心自学，用自己的成绩来证明，女人并不比男人差，男人能办到的事，女人同样也能办得到。

自从母亲和大姐去世以后，玛丽经常和二姐在一起共同学习和生活。她们两人都喜欢学习。然而，政府因为她们是女子而不准她们上大学，那怎么办呢？有一次，玛丽从别人那里听说法国巴黎允许女子上大学。于是，她就高兴地跑回家对姐姐说："姐姐，我听说法国巴黎让女子上大学，咱们在国内不能继续上学，就到法国上学吧？"她姐姐听到这个好消息以后，也非常高兴。然而，想到贫寒的家庭状况，便忧愁地对玛丽说道："妹妹，你说得很对。可是，爸爸收入很低，又要养活我们，哪里还有钱供我们上学呢?"玛丽听罢便坚定地说："不管有多大的困难，我们也要上学！这样吧，姐姐，你先去法国上学，我在家工作挣钱供你上学，等你上完学之后，我再去学习。"姐姐听罢很受感动，说道："好妹妹，你会受苦的，还是你先去上学吧，姐姐比你大，能够供你上学。"玛丽争辩道："不行，正因为你比我大，才让你先去上学，我还小呢，以后还有机会。"

于是，玛丽主动放弃了自己学习的机会，当了一名家庭教师，把自己微薄的收入寄给了姐姐，供姐姐上学。在做家庭教师的日子里，玛丽过着寄人篱下的困苦生活。女主人既愚蠢又很庸俗，而且对玛丽非常苛刻，经常动不动就打骂。玛丽再也无法忍受下去了，她把这一家看成是人间地狱。后来，她终于逃了出来。经过别人介绍，到另一家又当了一名家庭教师。

就这样，玛丽在寄人篱下的艰苦生活中度过了8年凄风苦雨的日子，度过了她一生中最无可奈何的时光。在这些日子里，玛丽忍饥挨饿，节衣缩食，把所得的收入寄给姐姐，同时也攒一些以供自己将来出国学习。

终于，在玛丽的支持与帮助下，她姐姐在法国获得了博士学位。于是，在姐姐的要求下，玛丽离开自己多难的祖国，前往法国巴黎，开始了她一生中充满艰辛而辉煌的求学生涯。

忍饥耐寒　刻苦学习

玛丽到达法国，进入了巴黎大学学习，然而，生活依然很艰苦。她把自己挣来的钱以及父亲寄给她的钱交了学费之后，剩下的几乎没

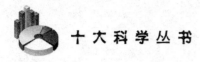

有多少了。虽然她的姐姐很支持、帮助她上学，但是，玛丽却非常好强，她不愿意过多地连累姐姐，给姐姐增加负担。于是，她就在学校附近租了一间狭小的阁楼。房间里阴暗潮湿，既没有炉灶，也没有自来水。玛丽为了省钱，经常不做饭。渴了，她就喝点凉水；饿了，她就吃一点干面包。冬天，屋子里很冷，玛丽就在一个像小孩玩具那样大的火炉里加上几块煤，坐在火炉旁做数学题。经常在炉火熄灭很久以后，她还用那双冻僵了的手在演算习题，直到下半夜2点多钟，她才上床睡觉。床是铁制的，冰凉冰凉的；被子是薄薄的，抵挡不住严寒的侵袭。玛丽把房间里所有能盖的东西全部盖上了，但还是冻得发抖，经常就这样一直到天亮。

为了省钱，玛丽经常整天不吃饭，顽强地学习着。由于营养不良，玛丽身体极度虚弱。有一天，玛丽在和同学一起讨论数学、物理方面的问题时，她突然晕倒了。原来，玛丽已经一天没有吃东西了。同学把她送回家，有的则去通知她的姐姐。玛丽的姐姐来到后，竟然在她的小阁楼里找不到一点可以吃的东西。姐姐痛心地抱着玛丽哭道："妹妹，你为什么这样折磨自己，你不能这样不要命地学习了，要休息，要注意自己的身体。"于是，就强让她在家休息，并帮助她生活。

没有苦中苦，哪有甜上甜。艰苦的学习生活，换来了丰硕的学习成果。玛丽把自己全部的精力与热情都投入到学习中。她生活在书本的世界里，生活对她来说就是读书。她仅用2年时间就提前获得了物理学硕士学位，仅用了1年时间，就提前获得了数学硕士学位。她的才华受到了老师和广大同学的赞扬。但是，玛丽并没有被眼前的成绩冲昏头脑，也没有因此骄傲而停止不前。她要继续学习，她要获得物理学博士学位。于是，玛丽便继续向更高的科学高峰攀登。

艰苦研究　伟大的发现

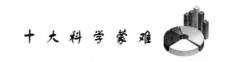

玛丽在学习的过程中，认识了一位名叫居里的物理学家。他们经常在一起学习、工作，情投意合，心心相印，双方彼此产生了爱情。在 1895 年的夏天，玛丽和居里幸福地结婚，开始了新的生活。

结婚后的第二年，居里夫人便投入了博士论文的研究工作，这种研究是从放射性元素的发现开始的。

当时，德国有一位物理学家名叫伦琴。1895 年伦琴在做高真空放电实验的时候，发现放电管能够发射出一种射线，这种射线能使荧光屏感光。伦琴便把这种射线叫做“X 射线”。1896 年，法国一个名叫贝克勒尔的物理学家在研究中发现，有一种名叫铀盐的物质能够发出射线，具有放射性。他把铀元素叫做放射性元素。

居里夫人听到这个消息以后，很兴奋。她心想，除了铀元素以外，是不是还有其他放射性元素呢？如果有，它是什么元素呢？同铀元素相比较，它的放射性强度是强还是弱呢？于是，居里夫妇便开始实验研究了。

研究需要实验室，还要有实验仪器设备以及实验原料。居里夫妇经过四处联系，租借了一间又冷又潮的贮藏室。他们把这间贮藏室作为实验室。居里夫人用自己省下来的钱，购买了一些简单的仪器和实验设备。接着，他们便开始了紧张的实验工作。

他们用化学的方法从 200 斤的沥青铀矿中，提炼出了 2～3 两比铀元素的放射性更强的放射性元素。这是什么元素呢？居里夫人想到了自己还被俄国侵占的祖国——波兰。她为了纪念自己多灾多难的祖国以及勤劳勇敢的波兰人民，就把这个新发现的放射性元素命名为“钋”

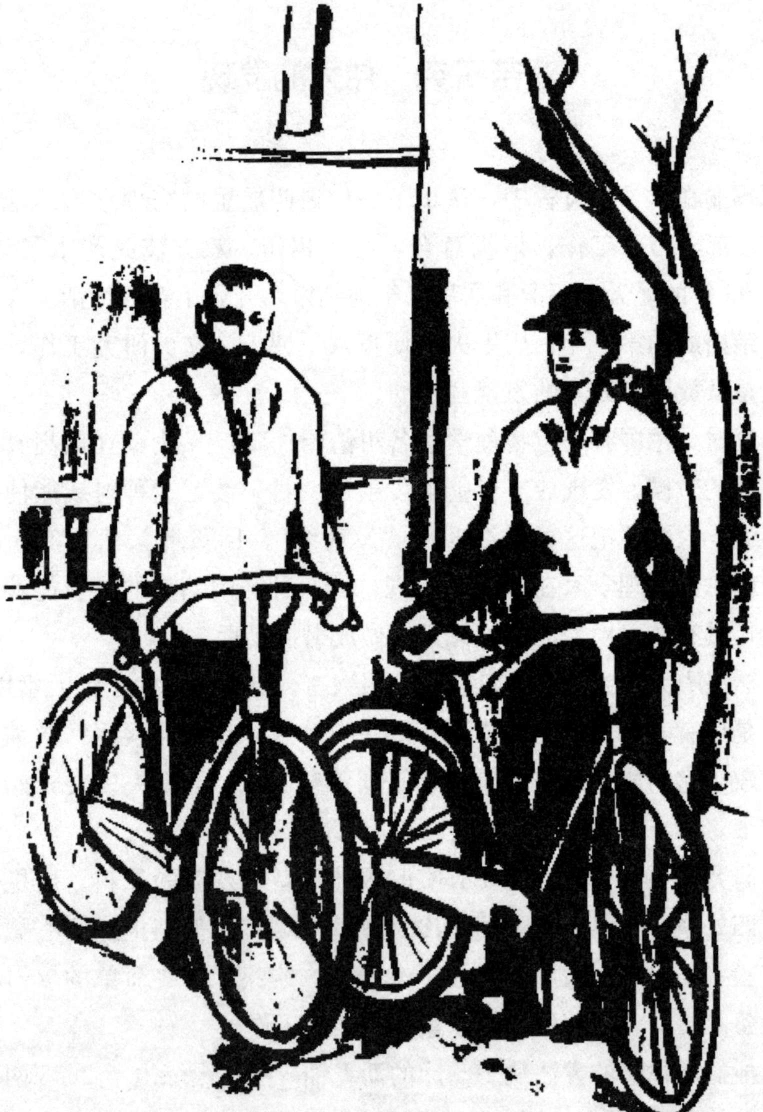

居里夫妇准备去郊游

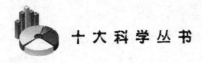

居里夫人在实验室（1912 年）

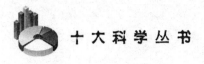

巴黎的镭学研究院

(与波兰的“波”音相似)。1898年7月8日，居里夫妇在向法国科学院提出的发现新元素的报告中说：“假如这个新元素的存在将来能证实的话，我们想叫它钋，来纪念我们两人中的一个人的祖国波兰。”这充分反映出居里夫人的爱国主义精神。

此后，居里夫妇又从铀矿中得到了另外一种新的放射性元素。这种元素比铀的放射性要强900倍！1898年12月26日，居里夫妇又宣布了这一发现，并把这个新元素命名为“镭”。“钋”和“镭”这两个新元素的字音与居里夫人的祖国——波兰两个字音非常相近。因此，钋元素和镭元素的伟大发现，象征着波兰人民的勤劳、勇敢和智慧。

居里夫人连续发现了两个新的放射性元素，在物理学界产生了很大的影响。原来物理学领域中长期存在着“原子不可分割”的传统理论，这种理论认为原子是最小的不可再分割的物质，原子里边什么都没有。而放射性元素的发现，说明了原子里面还有结构，原子还可以继续分（以后的物理学研究结果证明，原子里面还有原子核和核外电子，原子核里面还有质子和中子）。居里夫妇发现放射性元素，批判了上述物理学中的传统理论。因此，自然遭到了那些保守的，坚持旧的传统物理学理论的物理学家的攻击。他们向居里夫妇问道：“没有原子量，就没有镭，镭在哪里?”他们要求居里夫妇拿出镭来，让他们看。居里夫妇决心提取出真正、纯粹的镭，用事实来证明自己的发现。

提纯镭，仍然需要一个大实验室和实验原料。他们又借了一间较大的没有地板、残破漏风的破木棚。木棚里只有两张旧桌子、一块黑板、一个旧铁炉。他们就把这个破木棚作为提炼镭的工厂和实验室。

镭的原料是铀沥青矿石，它的价格很昂贵，居里夫妇买不起。于是，他们就用自己积累下来的钱，购买了价格较便宜的提炼过铀的沥青铀矿的残渣。他们认为，虽然沥青铀矿中的铀被提炼出来，但它的残渣中仍然会存在着镭。

居里夫妇在破木棚里进行了艰苦的实验工作。夏天，木棚里闷热潮湿，冬天，木棚里冰冷阴暗。然而，他们毫不在乎，夜以继日地工作。冷了，他们就喝杯热茶暖暖身体；饿了，他们就在木棚里弄点吃的充饥。他俩每天将沥青铀矿渣一铲一铲地往一个烟囱已经生锈的旧铁炉里面送。四年之久，他俩一直像轮船上火舱里的一对司炉工，始终不停地铲呀、铲呀——毒烟呛得他们既咳嗽又喘气。经过艰苦努力，终于把镭元素提炼出来了。他们用事实回击了那些旧理论的支持者。

镭的发现震动了全世界。1903 年 6 月居里夫人获得了物理学博士

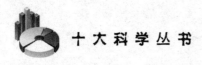

学位。同年 11 月，居里夫妇双双获得了诺贝尔物理学奖金。巴黎大学任命居里为理学院物理学教授，并任命居里夫人为理学院实验室主任。居里夫人经过艰苦的努力，终于做出了伟大的发现，实现了她少女时代的伟大理想。

祸从天降　悲痛欲绝

正当居里夫人饱偿胜利的喜悦，准备再接再厉，继续向新的科学高峰攀登的时候，一场巨大的灾难降临了。

1906 年 4 月 19 日，居里夫人的丈夫在从学校回家的路上不幸被车撞身亡了。巨大的悲痛使居里夫人在精神上受到了沉重的刺激和打击。正像她所说的那样："我思念着你（指她的丈夫），永无穷尽。我的头要裂开了，我的理智模糊了。我不懂我今后怎样生活，看到你，再不能向着我甜蜜的生活伴侣微笑。"有一段时间，居里夫人神情呆滞，心不在焉，整天默默不语。她在和悲痛进行斗争。

饱尝过生活的艰辛和人生磨难的居里夫人并没有被痛苦所吓倒，她以坚强的毅力和顽强的性格，终于战胜了悲痛。她擦干脸上的泪水，又投入到科学研究的伟大事业中。

居里夫人接替了丈夫留下的教学和科研工作。她决心继承丈夫的遗志，完成丈夫没有完成的事业，为科学的发展和人类的幸福继续做出自己的贡献。

然而，居里夫人万万没有想到，当她强忍悲痛，准备继续努力，把自己的一切都奉献给科学事业的时候，却又遭受到来自周围的一些嫉妒心强、自私自利的小人的恶毒攻击与迫害。

恶毒的非难与攻击

1911年，居里夫人第二次荣获诺贝尔物理学奖。她已成为世界最伟大的女科学家之一。这一年，法国科学院中有一位名叫热尔内的科学家去世了，因此，需要补选一位科学家来接替这位科学院士的席位。

谁来当这个院士呢？于是，选举开始了。居里夫人也报名参加了选举，然而，却遭到了那些保守势力以及嫉妒居里夫人的小人的恶毒攻击和反对。在他们看来，有以下三个方面所谓的原因。

一是因为居里夫人是女人。他们认为女人不能当选科学院院士。在竞选大会即将召开的时候，主持选举大会的主席大声喊道："让所有的人进来，女人除外！"他们因为居里夫人是女人，而阻止她参加选举。

二是因为居里夫人是外国人不是法国人。他们认为当选或参加选举的人必须是法国人，而居里夫人"是波兰人，是外国女人！"他们不让像居里夫人这样的外国女科学家当选科学院院士。甚至当居里夫人和他的丈夫共同荣获诺贝尔奖的时候，那些民族主义和种族主义者竟然反对居里夫人获奖。他们攻击居里夫人的祖先是犹太人，是外国人，认为"是居里娶了她，诺贝尔奖归功于居里"，而不应该授与居里夫人。

三是因为居里夫人年轻。居里夫人是在法国科学院院士中最年轻的一位。法国科学院从来没有接收过像居里夫人这样年轻的女科学家当院士。

可见，这三条原因，都是地地道道的歧视妇女，歧视外国人的表现，是不公平的，不科学的，是完全错误的。他们这样做只能给法国科学院带来损失。

在上面错误思想和选举标准的引导下，法国科学院中的保守势力对居里夫人的选举进行了种种阻挠。他们不惜使用各种卑劣的手段，企图减少居里夫人的选举票数，迫使她落选。

在第一次选举中，他们为了排挤居里夫人，把预先写好了的反对居里夫人的假选票硬塞到那些视力不太好的院士手中，结果，使居里夫人的票数和其他参加选举的人的票数都没有超过半数，不得不重新选举。

在第二次选举中，他们又在其中制造假选票。结果，使得居里夫人最终以 28∶30 落选了。

在保守势力的攻击与迫害下，居里夫人没有当选法国科学院院士，但她并没有因此而丧失积极进取的信心和意志，相反，她却以更加顽强的毅力迎接新的磨难，新的挑战。

愚蠢的诽谤与诬告

居里夫人的成绩，引起了那些保守势力和自私自利小人的嫉妒。他们相互勾结在一起，策划一场更大规模的人身攻击和个人诽谤的阴谋活动。他们企图用这样愚蠢的攻击和诽谤行为，阻止居里夫人的科研活动。

居里夫人有一个学生，名叫郎之万。他非常敬仰居里夫人，经常认真地向居里夫人学习，经常帮助居里夫人进行实验研究。居里夫人的丈夫去世以后，她的科学实验工作变得更加繁重了。为了帮助居里夫人工作，郎之万经常同居里夫人一起在实验室里进行放射性研究。

那些保守势力和自私自利的人看到这种情况以后，便乘机向居里夫人进行人身攻击。

他们用金钱收买报社记者，让他们在报纸上发表文章，捏造事实，企图诽谤居里夫人，败坏居里夫人的名誉。在他们的操纵下，1911 年 11 月 4 日，法国的《新闻报》便发表了一篇攻击居里夫人的文章。这篇文章的题目是“居里夫人和郎之万教授的爱情故事”，文章胡说什么“以神奇的力量照亮了周围一切的镭光，故意使人们大吃一惊：它同时点燃了研究者的爱情之火”。把居里夫人与郎之万之间的共同研究工作说成是恋爱行为。另外，法国的最下流的报纸《小报》也趁机发表攻击居里夫人的文章，题目是“实验室里的罗曼史：居里夫人和郎之万先生的爱情”，恶毒攻击居里夫人。

不仅如此，那些保守势力者还唆使郎之万的妻子诬告居里夫人和郎之万“维持着不正当的关系”。他们指使郎之万的岳母说：“大名鼎鼎的居里夫人，拐走了我女儿的丈夫。”他们鼓动郎之万的妻子向法院控告居里夫人。

上面那些恶毒、愚蠢的诽谤与攻击，立即遭到广大科学家的批判。他们都斥责这些行为是“诽谤！无耻的诽谤！”，是“下流、无聊”的愚蠢行为。科学家们对那些攻击居里夫人的保守势力特别是登载诽谤居里夫人文章的法国报纸的卑劣行为提出了强烈的抗议，要求他们恢复居里夫人的名誉，严惩这场阴谋活动的策划者和执行者。

面对上面保守势力和自私自利小人们的诽谤与攻击，居里夫人毫无退让。她立即在当时《时代》杂志上发表文章，严厉驳斥了这种可耻行为。她说：“我认为报界和公众对我个人生活的所有侵犯都是极端恶劣的行为，我要求他们做出高额赔偿，这笔赔偿费将用于科学和教育。”居里夫人尊重事实，坚持真理，以科学和教育为重。这充分表现出一个女科学家所特有的胸怀和精神。

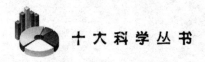

在正义和事实面前，造谣惑众的《新闻报》报社的记者终于不得不向居里夫人道歉，承认了自己的错误。他说道："我感到内疚，谨向夫人表示由衷的歉意，我那篇文章铸成大错，由于职业的狂热促使我有那个愚蠢的做法。使我能得以自我安慰的是，我一个无足轻重的记者，不会毁灭您的荣誉和人们对您的信仰。"郎之万的妻子也说出了自己诬告居里夫人的目的。

原来，郎之万的妻子不懂得科学以及科学研究，她对郎之万和居里夫人在一起进行科学研究很不理解，所以，只能以狭隘的思想对他们的行为产生种种怀疑。另外，郎之万的妻子不喜欢郎之万搞科学研究，而是希望他去当官，她认为只有做官才能有权、有钱、有势，才能陪她去逛商店或去跳舞。这样，在那些别有用心的小人的唆使下，她就造谣诬告居里夫人了。

虽然真相已经大白于天下，然而斗争还没有彻底结束。法国保守派们看到他们的阴谋被揭露，便恼羞成怒。他们又唆使一些流氓，包围居里夫人的住宅，向里边扔石头，砸玻璃，一边砸，一边狂叫着："外国女人滚回去！""打倒偷汉子的女人！"对居里夫人进行了野蛮地攻击与迫害，严重威胁了居里夫人的家庭特别是个人安危。后来，在当地警察的帮助下，居里夫人才得到了解救。

保守派们的攻击与迫害，并没有动摇居里夫人进行科学研究的信心和决心。她相信，正义终会战胜邪恶，科学和真理的阳光一定会驱散那些保守、自私的乌云。她要继续从事科学研究，为人类的文明与幸福贡献自己的一切。

献身科学　造福人类

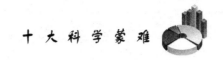

居里夫人历尽了各种艰苦的磨难，顽强地为实现她的伟大理想而奋斗，取得了举世瞩目的伟大成就。她不仅连续两次荣获诺贝尔奖，而且，还接受了7个国家24次奖金和奖章，担任过25个国家的100多个荣誉职位，在世界科学界享有着崇高的地位和荣誉。但是，居里夫人并没有被这些巨大的荣誉所陶醉，她研究科学不是只为个人的名和利，而是为整个人类谋幸福。当她得知镭元素还会给人类带来灾难时，心中非常担忧。1905年，居里夫人在接受诺贝尔奖的时候，发表了热情洋溢的演说。她讲道："镭的发现……一切都为了人类的幸福。但是，镭的发现能不能为祸于人类呢？我们可以想到，在罪犯们的手中，镭可以成为极危险的东西。我们也可以自问：人类认识自然的秘密，到底有无好处？人类是否已成熟地利用自然，还是反而被这些认识所烦恼？"她还说："镭是一种元素，它属于所有人民所有，任何人不能拿它来发财致富。"居里夫人号召人们要把科学用到为人类造福的事业上，不要把它作为杀人的武器。这体现出居里夫人崇高的品格。

居里夫人把自己的一切都贡献给了科学，贡献给了人类。她一生中从没有停止过科学研究。然而，由于居里夫人长期进行放射性研究，身体长期受到镭射线的辐射，再加上她丈夫过早地去世，以及保守派和自私自利的小人们的攻击与迫害，因此，她的身体受到了极大的伤害。到了晚年，居里夫人身患恶性贫血病，身体非常虚弱。在8年时间里，她一共开了4次刀。尽管如此，居里夫人仍然坚持进行科学研究。她的女儿和其他人都劝她休息，她却说"我的生活是不能离开实

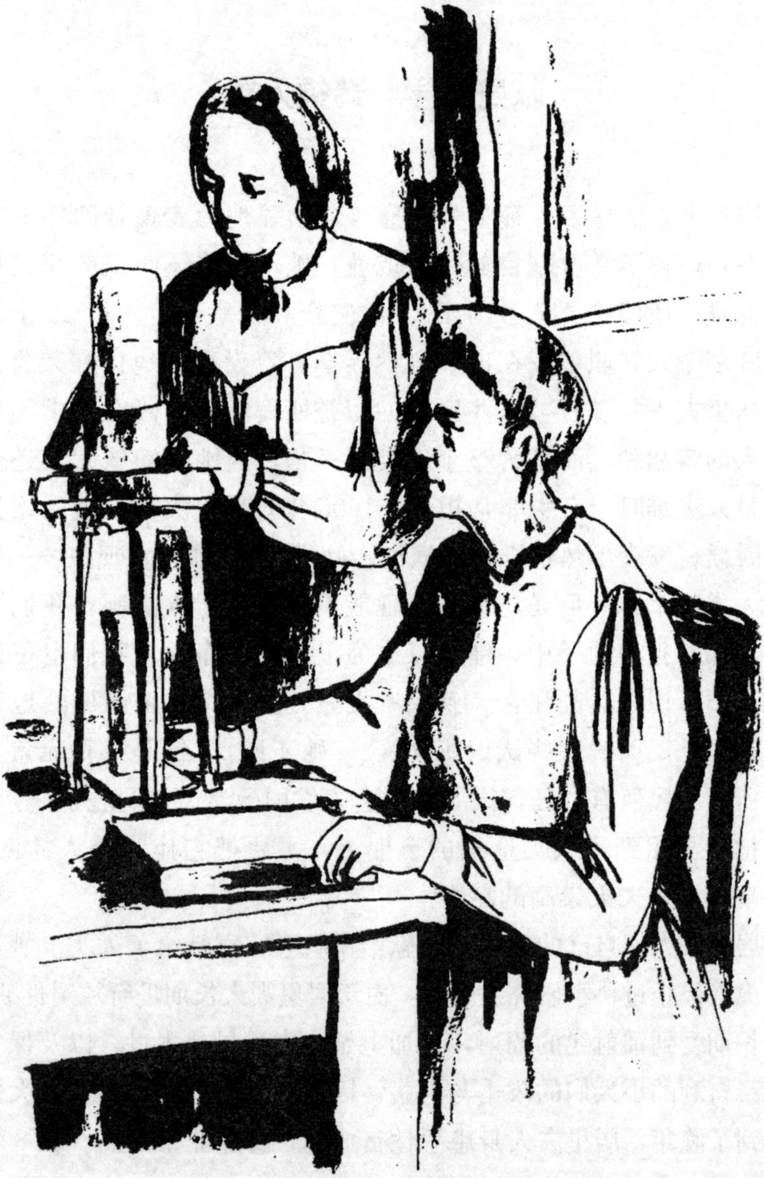

居里夫人与其长女在实验室（1825 年）

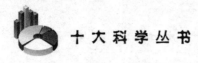

验室的”，她坚持带病工作。从1919年到1934年，居里夫人带领其他人一共写出了483种科学实验报告，此外，她还自己写了《放射性专论》、《放射性》等物理学著作。

居里夫人的病越来越重了。她对她的朋友们说：“我自己的将来是极短了，关于镭学院的将来，镭的研究，希望在座的诸位多多帮助。”在生命的最后时刻，居里夫人还念念不忘科学研究。1934年7月4日，居里夫人离开了人间。

居里夫人的一生是充满艰辛、困苦、磨难的一生，也是奋斗、创造、辉煌的一生。她经受住了母亲、姐姐、丈夫去世的悲痛，经受住了法国保守派的攻击、诽谤和迫害的磨难，经受住了一次又一次科学研究的失败和放射性元素的伤害，40年如一日，勤勤恳恳，百折不挠，同厄运作斗争，同恶劣的环境作斗争，同保守派势力和自私自利的小人们作斗争，终于取得了一个又一个伟大的成果，攀登了一座又一座的科学高峰，为人类的文明、幸福与发展做出了突出的贡献。

居里夫人的奋斗历史说明了一个道理，那就是：人的一生都不是一帆风顺的，都会遇到各种各样意料到的和没有意料到的困难和挫折。如果在这些挫折和失败面前知难而退，那么，只能是碌碌无为，一事无成；相反，如果能像居里夫人那样，以顽强的毅力和不屈不挠的精神去克服它，战胜它，那么，他就能够无往而不胜，一定能够取得不俗的成绩。

少年朋友们，你们今后的人生道路还很漫长，还会碰到许多困难和挫折。所以，你们要学习居里夫人那种在任何困难和挫折面前都不屈不挠的奋斗精神，培养自己克服困难、艰苦奋斗的毅力和性格，认真学习，刻苦努力。在成绩面前不骄傲，在困难面前不畏惧，把自己培养成为一个有理想、有道德、有毅力，热爱党，热爱祖国，热爱人民，做社会主义和共产主义事业的接班人，为祖国的繁荣富强、人民的幸福安康而奋斗。

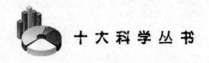

历尽磨难的计划生育创始人
——玛格丽特·桑格

计划生育是我国的一项基本国策。国家提倡一对夫妇只生一个孩子，鼓励少生、优生，这是一项利民利国、功在千秋的大好事。少年朋友们大都是你们父母唯一的小宝贝，享受着父母或爷爷奶奶的关怀和爱护，过着快乐、甜蜜、幸福的生活，再也不像以前的孩子那样，由于家庭孩子多而饱受贫穷、无人照料的痛苦了。

可是，少年朋友们知道是谁最早倡导计划生育的吗？倡导计划生育这项科学运动的是美国著名的计划生育女专家、计划生育的创始人和开拓者——玛格丽特·桑格夫人。为了把妇女们从生育痛苦中解脱出来，为了争取妇女节制生育的权利，为了使妇女少生优生，计划生育，保证妇女身体健康，提高人口质量，桑格夫人多次被捕，屡受磨难，把全部精力甚至生命都奉献给了计划生育事业，成为国际计划生育运动的先驱者和领导人，受到了广大群众，特别是妇女们的尊敬与爱戴。

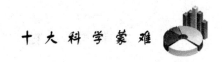

“我决不能再眼看着母亲们受苦和死亡了”

1883年，玛格丽特·桑格出生在一个普普通通的工人家庭，她的父亲是一位刻墓碑工人，她的母亲一共怀孕18次，生下11个孩子。玛格丽特·桑格排行第六。母亲每次怀孕都在心理和肉体上受到极大的损伤和痛苦，身体也被没有节制的怀孕、生育而搞垮了，经常处于极度虚弱状态，再加上家境贫寒，孩子又多，缺乏必要的营养，这就使得她的母亲未老先衰，体弱多病，终于在40岁的时候，抛下众多的孩子，早早地离开了人世。

没有母亲的照料，父亲又整天出去工作来养家糊口，没有时间和精力照顾孩子们。于是，桑格只好和她的兄弟姐妹们像孤儿一样，忍受着饥饿和寒冷，苦苦地度日。想着过早离开人世的母亲，望着在饥饿与死亡线上挣扎着的兄弟姐妹们，以及贫穷缺少父爱和母爱的家，桑格下决心长大以后要当一名医生，掌握医疗本领，以拯救那些像她母亲那样遭受痛苦的妇女。

于是，桑格便把自己的想法告诉她的父亲。父亲听罢苦笑道：“好孩子，你说得对，学习医学，治病救人，不让像你妈妈那样的妇女过早地死去。可是，孩子，你父亲挣的钱不多，还要供给你和你的兄弟姐妹吃饭穿衣，很穷啊，不能再有钱供你上学学习医学了。不过，我听说进护士训练班学习，学费很少，我看你先进护士训练班学习，先当护士，等到爸爸有了钱以后，再供你学医。”

在父亲的引导与支持下，玛格丽特·桑格便进了护士训练班。在那里，桑格学习非常刻苦。白天，她认真听讲，尽量把老师所讲的护士工作的知识和技术都记在脑子里，不懂的地方就问老师和同学。在护士练习课上，桑格就像真正的护士那样，把老师教给的每一个看护病人的动作要领都认真地做下来。晚上，桑格把兄弟姐妹当作病人，练习白天学到的护理技术，还向兄弟姐妹们讲述有关护理方面的知识。桑格的父亲看着女儿认真学习的样子，心里非常高兴，他夸赞道："桑格，好孩子，你一定能够成为一名合格的护士!"由于桑格认真学习，刻苦努力，因此，她在各项训练考试中，都取得了优异的成绩，获得了老师和同学的赞扬。

1913 年，玛格丽特·桑格毕业了，她在美国的一家医院当了一名护士。从此，她便开始了护士工作。

有一天，桑格陪同一位医生去纽约（美国的一个城市）东部为病人治病。病人是一位妇女，由于她不懂得避孕知识，怀孕以后不想生育，便私自堕胎而患病。等到桑格和医生来到病人跟前的时候，这位妇女由于失血过多而悲惨地死去了。桑格看到后心中很痛苦，她仿佛又看到了自己的母亲临终时的悲惨情景。病人家属对桑格哭诉道："妈妈临死前，她还哭着喊着，不想再生孩子了，太苦了!""那么，你们为什么不事先找医生来避孕或者堕胎呢?"桑格问道。病人家属答道："我们找医生了，可是医生拒绝传授避孕知识，更拒绝堕胎，说堕胎是违法行为。我家里穷，孩子又多，母亲不想再生了，可没有办法，只好私自堕胎。"

桑格了解到，在当时，美国每年大约有 200 万人非法流产，许多妇女因此而丧命；每年还有 25000 人死于分娩，还有一些妇女因为忍受不了接连怀孕的痛苦，自杀身亡了。仅仅在纽约一个城市，每年就有 10 多万名妇女因为不想再生育而私自堕胎，其结果不是患病就是丧命。

听到这些悲惨的消息，联想到自己死去的母亲，桑格感到，自己应当为解救身受生育之苦的众多母亲而做出努力。她对父亲说："我认识到，我决不能再当一名无所作为的护士，眼看着母亲们受苦和死亡了。我要向众多母亲们传授节育知识和技术，让她们有计划地生育。”她的父亲说：“你说得对，孩子。可是，你可知道，如果不是医生，对任何人传授节育知识都是非法的。”桑格听罢激昂地说道：“但我觉得，如果让妇女掌握生儿育女的科学知识也算违法的，那么，这条法律本身便是应该违反法律的。我要用自己的行动为天下受苦的母亲们解除痛苦。”

桑格的话语感动了她的父亲和姐妹们。于是，她们姐妹便一起投入到了计划生育的伟大而艰辛的事业中。

首先，桑格决定向众多母亲们散发传单，号召所有的母亲团结起来，学习避孕、节育知识，让她们接受计划生育方面的学习和训练。

桑格在传单中写道：

母亲们！

您养得起一个大家庭吗？您还想要孩子吗？

如果不想要，何必再去生呢？

别杀害小生命，

别冒生命危险，

但要事先预防。

若要了解安全可靠的知识，请上布鲁克林

安波依街46号，找受过专门训练的护士。

请您转告您的朋友和邻居。

桑格把传单散发出去以后，许多母亲都纷纷找桑格学习避孕、节育知识。桑格热情地把自己所掌握的知识、技术都传授给她们。妇女们都夸赞桑格是她们的救命恩人。桑格听罢笑笑说道：“这没有什么，

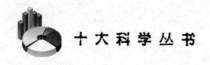

我也是女人，解除你们的痛苦，这是我应该做的。”

为了搞好避孕知识、技术的训练工作，桑格前后去过荷兰、法国、英国等地学习，以提高自己的知识水平，更好地为妇女们服务。此外，桑格还创办杂志，编写书籍，广泛普及、传播计划生育知识，以便让更多的妇女懂得、掌握计划生育的知识。例如，1914 年，桑格编辑创办了一本名叫《妇女的反抗》(后来改名为《生育控制论评》) 的杂志。杂志中设了“子女过多的后果”和“康斯托克法案的愚蠢”等专栏，向妇女们讲解为什么要节育，不节育有什么害处，节育又有什么好处，介绍了怎样节育、避孕的方法，批判了当时美国禁止节育的谬误。桑格认为，“这样的法律是愚蠢的法律”。杂志一共出版了 8 期，在妇女中间产生了很大的影响。许多妇女纷纷在这个杂志上发表文章，叙述了自己所遭受的痛苦，表示愿意和桑格一起开展计划生育运动。

另外，桑格还编写了一本名叫《家庭节育》的书。这是现代第一本关于计划生育方面的书。为了使自己的书尽快出版，让广大妇女阅读，桑格用自己省吃俭用的钱把这本书印刷了 10 多万册，并把它发行到世界各地妇女的手中，成为当时世界上最有影响的一本计划生育读物，有力地促进了世界计划生育运动的迅速开展。

辛勤的汗水换来了丰硕的成果。经过玛格丽特·桑格的长期努力，成千上万名妇女特别是母亲都聚集在桑格的身边，形成了巨大的力量。她们再也不要忍受过去那样的痛苦了，她们深深地体会到了计划生育带来的甘甜。计划生育运动是科学运动，计划生育是科学，科学是为人类解除痛苦、带来幸福与快乐的学问。她们决心跟随桑格把计划生育工作持续地开展下去。

玛格丽特·桑格在妇女中的影响越来越大了，计划生育工作在美国的影响也越来越大了。而当科学发展的时候，总要遇到保守势力、反科学势力的阻挠与迫害。就像哥白尼、伽利略、布鲁诺等人研究与发展科学而遭到宗教神学反动势力的攻击与迫害一样，正当桑格领导广大妇女大力开展计划生育活动的时候，便遭到了以旧道德的维护者，美国纽约道德维持会会长安东尼·康斯托克为首的保守势力的攻击与迫害。于是，玛格丽特·桑格的科学蒙难便开始了。

屡次被捕　不屈不挠

少年朋友们大都知道，现代的美国是一个自由、开放的社会，然而，在玛格丽特·桑格生活的时代，美国还是一个比较保守、封建的社会。尤其是在计划生育这个问题上，更是如此。

安东尼·康斯托克是美国纽约道德维持会会长，是一个地道的传统道德的维护者和代言人。他极力反对计划生育。1873年，他在促使美国国会通过的一项禁止利用邮政和火车轮船传递色情品的法律中，主观强制性地加进了一条禁止避孕用具和禁止传播避孕知识的法令，妄图以此来阻挠计划生育运动。康斯托克在这条法令里，把避孕用具骂成是“猥亵、下流、淫荡、邪恶、污秽和令人作呕的东西”。他还规定，如果触犯这项法令，就要被判处10年监禁和巨额罚款。无论什么人以什么理由宣传计划生育，都将被判为犯罪。可见，康斯托克之流为了维护传统的旧的封建道德，不顾千千万万妇女的痛苦和死亡，恶毒地阻挠、攻击计划生育这场科学运动的开展。

桑格倡导计划生育，早已引起康斯托克的注意和反对。桑格的活动影响越来越大，康斯托克再也坐不住了。他多次带领他的信徒们四处攻击桑格：“一个女人做什么节育、避孕，这是下流、淫荡，是不道德的。生儿育女是女人的义务，人为节育、避孕是违法的。”当他们看到桑格编写的《家庭节育》一书以后，更是大发雷霆，扬言要让桑格做5年苦役，以此来惩罚她。

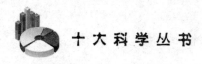

不仅如此，康斯托克还向法院控告桑格，要求用法律惩罚她。桑格并没有被康斯托克的恐吓所吓倒，相反更增添了她斗争的信心和决心。那些支持桑格的妇女也站在桑格一边，和她一起与康斯托克之流进行斗争。在开庭审判时，法庭里挤满了桑格的支持者，她们决心与桑格一道打赢这场官司。

桑格和康斯托克一起面对法官站着。康斯托克“恶人先告状”，企图先发制人，便首先向法官列举桑格所谓的“罪状”。他说：“法官大人，桑格作为一个女人，不恪守妇道，不遵守传统道德，四处传授节育、避孕这些低级、下流的知识，这真是大逆不道。我请求法庭判处桑格违法的罪行，以示惩罚。”桑格立刻反驳道：“胡说！我传授节育、避孕知识，为的是解除广大妇女的疾苦，而不是骗人害人，这有什么罪！生育是一种自然现象，如果连续怀孕，没有计划地生育，一来有害于妇女们的身体健康，二来会给家庭和社会带来许多负担和困难。实行计划生育，是一项利国利民的科学运动。请问，这怎么能说是低级、下流的行为呢?”桑格的一番激动人心的话语，驳得康斯托克哑口无言。桑格的支持者便纷纷支持桑格的论断：“桑格夫人说得好，说得对。计划生育对我们妇女有好处，没有坏处，我们赞成计划生育。”在场的记者们也很支持桑格，他们拿着《评论画刊》杂志关于计划生育的民意测验结果给法官看。民意测验的结果表明：全国有97%的人赞成计划生育。这就是说，计划生育这项科学运动已经得到大多数人特别是广大妇女的热烈欢迎和积极响应。

在正义面前，维护旧的传统封建道德的伪君子——康斯托克失败了。经过桑格等人的艰苦斗争，美国政府终于不得不在1916年撤消了对玛格丽特·桑格的起诉。桑格重新获得了自由，又开始以巨大的热情投入到计划生育的科学运动中去，同时，她也继续与一切阻碍计划生育的旧的传统势力进行斗争，在其中，桑格又经历了许多磨难。

玛格丽特·桑格为了进一步解除广大妇女、母亲的痛苦，决定开办一个计划生育诊所，亲自为想避孕、节育的妇女解除烦恼和忧愁，实现自己当医生治病救人的理想。

于是，在桑格的父亲、兄弟姐妹以及广大妇女的支持下，玛格丽特·桑格在 1916 年 10 月 16 日正式创办了美国第一个计划生育诊所。这是现代第一家计划生育的医院，从此，揭开了人类计划生育的新纪元。

这一天的清晨，秋高气爽，阳光明媚。不到 7 点钟，许多妇女就满怀激动、幸福的喜悦，来到了桑格节育诊所，等待开诊。不一会儿，诊所门前排成了一列长队。新闻界对这件事进行了采访和报道，扩大了诊所的影响。结果，不仅吸引了纽约城里的妇女前来求诊，而且还招引了更多的妇女从其他地方例如新泽西州、宾夕法尼亚州、马萨诸塞州等前来这个小诊所求医治病。桑格的计划生育工作在美国产生了巨大的影响。

然而，桑格的行为仍然受到了康斯托克的攻击。自从他上次在法庭上吃了败仗以后，就对桑格怀恨在心，想找个机会对桑格进行报复。当他听到桑格又开办了节育诊所而且影响很大的时候，认为报复的机会来了。

康斯托克向法院诬告桑格进行流氓活动，要求捣毁桑格的诊所。警察局竟然听信他的诬告，派警察来抓捕桑格。

就在桑格开办诊所的第 10 天，3 名取缔卖淫和赌博等非法活动的警察来到了桑格节育诊所。他们把门踹开，盛气凌人地对桑格说："玛格丽特·桑格，你被捕了。"说着，他们不等桑格她们分辩就把桑格还有前来就诊的妇女逮捕了。

在牢房里，桑格她们受到了非人的折磨。牢房里蟑螂四处乱爬，阴暗潮湿，老鼠在地上乱窜，生活环境很恶劣。不仅如此，桑格她们整天吃不饱，还要遭受看守们的打骂。但是，桑格并没有因此而屈服，她把和她一起来的妇女，还有其他妇女团结起来，在监狱里同看守们展开了斗争。

在牢房外，广大妇女听到桑格被捕坐牢的消息，便聚集在一起，向法庭起诉，揭露康斯托克等人的卑劣罪行，强烈要求释放桑格等人。在广大妇女的支持下，桑格她们得到了保释，获得了自由。

玛格丽特·桑格出狱以后，马上重新开诊为妇女们治病。这又一次触怒了警察局。不久，他们又把桑格逮捕进了监狱。这次，美国地方政府企图通过法律判处桑格罪行，以阻止桑格的计划生育活动。

1917年1月29日，法庭开始审判桑格。法官对桑格说道："桑格，你多次开办节育诊所，触犯了法律，你可知道，这是犯罪吗?"桑格毫无畏惧，据理争辩道："我开办诊所，是为广大妇女治病，帮助她们计划生育，解除痛苦，受到妇女们的欢迎，何罪之有？如果说让妇女们掌握生儿育女的科学知识也算违法犯罪的话，那么，这条法律本身也应该是违法的。我不能保证遵守我所不尊重的法律条文。应该改变、除掉这条不符合广大妇女心愿的法律。"法官听罢，大为震怒。他大声向桑格吼道："桑格，你犯罪还要改变法律，罪加一等，我宣布监禁你30天。"桑格高声反驳道："即使把牢笼坐穿了，我也不承认我的罪行。你们注定是要失败的。"

就这样，桑格又开始了长达30天的铁窗生涯。她并没有后悔，她认为自己做的不是坏事，而是造福于人类的好事。她相信，正义终究会战胜邪恶，总有一天，计划生育会得到政府的承认，获得世界人民的支持，计划生育活动会在全世界普遍开展起来。在黑暗中要看到光明，在失败中要看到希望。只有这样，才能对前途充满信心，充满希望，才能克服困难，去争取胜利。桑格就是以这样的信心、决心和毅

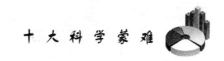

力，在监狱里进行艰苦斗争的。

斗争又获得了胜利。1917年，玛格丽特·桑格又从监狱里胜利地走了出来。当她来到监狱大门外的时候，看到了许多群众在热烈地欢迎她出狱。妇女们高唱热情激昂的《马赛曲》，跳起了欢乐的舞蹈，为桑格重新获得自由而歌唱。看到眼前欢乐的场面，望着一双双充满信赖和支持的目光，桑格十分激动。群众的支持和信赖，更加增添了桑格战胜困难，开展计划生育活动的信心和决心。

出狱不久，桑格又立即开始了紧张的计划生育工作。为了继续扩大计划生育的影响，为更多的妇女解除痛苦，桑格积极地培养医生，让她们到美国其他地方开办诊所。1923年，桑格克服重重困难，又开办了第二个计划生育诊所。

跨国开展计划生育

玛格丽特·桑格不仅想到为美国妇女开展计划生育活动，而且，她还想到，还有其他国家的妇女因不懂得节育、避孕知识而遭受痛苦。她要向她们宣传计划生育知识，为她们诊治有关这方面的疾病。这反映出桑格具有崇高的国际人道主义品格。于是，桑格便先后来到中国、日本等国家，开展计划生育活动。在这些国家里，桑格也遭受了许多像美国那样的磨难。

在中国北京、上海等地方，桑格作了有关计划生育方面的专题演讲。当时，桑格遭到了一些保守分子的恶毒攻击。他们四处活动，恶语伤人。胡说什么“女人生孩子是天经地义的，不孝有三，无后为大。桑格让女人进行计划生育，真是大逆不道”。不仅如此，当时，有人在报上发表文章，对桑格进行了大肆攻击。例如，当时，有一个名叫

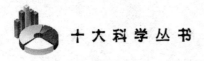

“晨报”的报纸，就发表了一篇反对桑格的文章。这篇文章的题目叫做“五千年的黄帝子孙从此绝矣”，意思是，桑格宣传计划生育，使得中国五千年来的炎黄子孙开始断绝灭亡了。文章极力反对桑格宣传计划生育。

其实，桑格宣传计划生育并不是让妇女不生育，并不是让中国人绝种灭亡，而是让广大妇女不要盲目生育，要有计划地生育，少生优生，保证妇女身体健康，减轻家庭和社会负担，提高生育质量和人口质量。因此，那种认为实行计划生育就是让中国人断子绝孙的观点是完全错误的。

大文学家、思想家鲁迅先生看到上面的文章以后，很气愤。他很赞成桑格的计划生育，反对有人向她攻击。于是，就写了一篇文章严厉驳斥上面曲解计划生育的谬论。这篇文章的题目是“新的蔷薇”。鲁迅先生在这篇文章中，对上面的谬论进行了讽刺。他说：“因为‘老婆子女不能吃饭’，于是自然要发生‘节育问题’。但是先前桑格夫人来华的时候，有些志士却又大发牢骚，说她要使中国人灭种。”鲁迅先生说这些话的目的在于讽刺那些攻击计划生育、歪曲计划生育的旧的封建传统道德的卫道士。他主张，没有计划地多生孩子，会带来经济负担，吃不上饭，会贫穷。搞计划生育不会使中国人灭种，相反却能提高中国的人口质量。鲁迅的话是对桑格科学活动的高度评价。

日本政府听说桑格要来日本宣传计划生育，传授节育、避孕知识和技术，便下令不允许桑格来日本搞计划生育活动。当桑格排除重重困难来到日本以后，他们又阻止桑格宣传计划生育。他们一方面到处诬蔑桑格是来施展妖术，迫害妇女的，计划生育是低级、下流行为，让妇女们不要相信，不要参加计划生育活动；另一方面，他们不给桑格提供场所以及安身的地方，并扬言，如果桑格在日本搞计划生育，不听劝阻，就要逮捕她问罪，妄图以此来威胁桑格离开日本。

在印度，许多旧道德的卫道士攻击桑格，胡说什么“桑格搞计划生育是违反自然规律的，是不科学的。印度不允许这样的人来欺骗印度妇女，应当把她赶出印度!”他们采取种种诡计，企图阻止桑格开展计划生育运动。

玛格丽特·桑格历尽种种艰苦的磨难，不屈不挠地同一切旧传统、旧道德、旧观念进行斗争，把自己的全部生命都贡献给了计划生育这个给人类特别是给广大妇女带来幸福与欢乐的伟大事业。终于，桑格的艰辛换来胜利的甘甜，计划生育赢得了中国、日本、美国等其他国家人民的理解、承认与支持，迅速地在世界各国中开展起来了。

她终于胜利了

经过桑格的奋斗与努力，计划生育终于得到了迅速开展。

1918 年 1 月 8 日，美国纽约州上诉法院在桑格的努力下，终于作出了一个具有历史意义的决定，决定允许医生“为健康的原因，对已婚妇女传播避孕知识”。这样，就在法律上承认计划生育是科学、合法的，允许开办计划生育诊所，开展计划生育工作。于是，美国当时的各地医院和诊所都开始对妇女传授避孕知识，指导她们计划生育。从此，广大妇女终于从过去的恐惧和痛苦中解脱出来了。

1921 年，美国成立了“美国生育控制联盟”，推选玛格丽特·桑格任主席，领导美国全国的计划生育工作。

1922 年，在英国首都伦敦召开了第一届国际计划生育大会。大会邀请玛格丽特·桑格参加大会。桑格在大会上发表了热情洋溢的演讲。她大力宣传“节制生育可贵，保护妇女健康，人人有责”，号召全世界人民特别是妇女都积极参加计划生育活动。

1927 年，在瑞士首都日内瓦召开了第一次世界人口会议。大会把计划生育列入重要的日程来讨论，号召用计划生育减少人口数量，提高人口质量。

1936 年，玛格丽特·桑格克服各种困难，为医生和其他从事计划生育工作的人员争取了使用邮政、火车和轮船推行计划生育的权利。全面批判和废除了康斯托克之流所推行的反计划生育的理论与法制。

1953 年，成立了国际计划生育联合会。大会一致推选玛格丽特·桑格担任联合会第一任主席，领导开展世界计划生育工作。

1956 年，玛格丽特·桑格委托并且出钱资助美国著名生殖生物学家品克斯博士和美籍华人著名生殖生物学家张明觉博士成功地研究制造出了口服避孕药，成为当时风行全世界的计划生育药物，大大提高计划生育的效率。

上面所说的一系列事迹和成就，都是玛格丽特·桑格艰苦奋斗的结晶。玛格丽特·桑格依靠自己不懈地努力与追求，终于成为国际计划生育运动的先驱者和著名领导人。桑格在我国也产生巨大影响，我国早期计划生育的倡导者和支持者也都纷纷翻译桑格的关于计划生育方面的著作，传播计划生育知识，开展计划生育运动。例如，我国早期计划生育的倡导者赵元任夫人就于 1925 年翻译出版了桑格的著作《女子应有的知识》，受到当时中国广大妇女的欢迎。此外，还有人积极介绍桑格本人的有关计划生育方面的工作和成绩，以便让广大妇女认识桑格，了解计划生育工作的意义，为开展计划生育工作打下基础。

根据联合国预测，如果不能控制人口增长，到 21 世纪末，世界人口将达到 190 亿！这是一个很危险的数字。1995 年，我国人口已经达到了 12 亿，这还是长期开展计划生育的结果，如果不实施计划生育，那么，人口将达到 13 亿、14 亿或者 15 亿！如果不实行计划生育，有的少年朋友就可能会像玛格丽特·桑格小时候那样，有许多哥哥、姐姐、弟弟、妹妹，会给家庭和父母带来很大的压力，就不能像现在这样过着甜蜜、幸福的生活了。我国目前人口仍在增加，土地、粮食等一切问题都成为我国发展的巨大负担。相反，如果较早地实现计划生育，那么，我们国家就会有更大的发展。想到这里，人们自然会对玛格丽特·桑格产生敬仰之情。为了妇女们的身体健康，为了提高人口质量，少生优生，玛格丽特·桑格克服重重困难，从全人类以及妇女和孩子的健康、幸福考虑，不怕受攻击、受迫害，敢于同落后、腐朽的传统观念、习惯势力、道德法规进行不屈不挠的斗争。这种精神真值得我们好好学习。我们应当像玛格丽特·桑格那样，尊重人民群众的需要，尊重科学技术，敢于冲破传统旧的道德观念的束缚，不怕困难，艰苦奋斗，勇往直前，为广大人民创造幸福，为我们伟大祖国的繁荣富强奉献出自己全部的聪明才智。

科学蒙难大事记

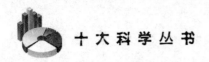

1. 希腊女数学家希帕蒂娅（Hypatia，约公元 370—415）研究数学，反对宗教神学，于公元 415 年 3 月被宗教教徒活活烧死。

2. 俄国数学家罗巴切夫斯基（1792—1856）创建非欧几何学，遭受学术权威的非难和攻击，于 1856 年 2 月 12 日被迫害致死。

3. 希腊数学家、物理学家阿基米德（Archcmid，约公元前 287—前 212）求出圆周率，创立浮力定律，于公元前 212 年春被罗马士兵杀害。

4. 匈牙利数学家亚·鲍耶（JBolyai，1802—1860）研究非欧几何学，受旧的学术思想阻碍而在精神上受到严重摧残致死。

5. 德国数学家高斯（Gauss，1777—1855）提出了新的非欧几何体系，但受传统数学思想束缚而不敢公开发表他的数学成果。

6. 挪威青年数学家阿贝尔（N. H. Abel，1802—1829）创立“阿贝尔积分”、“阿贝尔函数”，受学术权威压抑而英年早逝，只活了 27 年。

7. 法国青年数学家伽罗华（E. Galois，1811—1832）创立了“群论”数学，被反动阶级阴谋杀害，年仅 21 岁。

8. 德国数学家康托尔（G. Cantor，1845—1918）创立了“集合论”数学理论，受到数学权威的冷遇而从数学家变成了精神病患者。

9. 法国数学家勒贝格（H. Lebesgue，1875—1941）改进旧的黎曼积分，创立了新型的“勒贝格积分”，遭受了保守势力的攻击和迫害。

10. 印度数学家拉马努真（S. Ramanuian，1887—1920）研究解析数论和无穷级数，历尽坎坷，劳累患肺病早逝，年仅 33 岁。

11. 苏联女数学家苏菲·柯瓦列夫斯卡娅（1850—1891）研究偏微分方程，受旧思想、旧传统对妇女的偏见，而屡遭歧视，不能回国，客死他乡。

12. 英国物理学家法拉弟（M. Faraday，1791—1867）创立电磁感应定律，被诬告是剽窃来的，并受到他的老师戴维的嫉妒和压制。

13. 法国物理学家萨迪·卡诺（N. L. Sadi. Carnot，1796—1832）创立了理想热机理论，受到传统“热质说”旧理论的反对，而被长期忽视，最后不幸患病去世。

14. 德国物理学家欧姆（G. S. Ohm，1789—1854）创立了欧姆定律，但受传统思想影响而迟迟得不到承认。

15. 德国青年医生迈尔（J. R. Mayer，1814—1878）第一个发表了能量守恒和转化定律理论，但受权威反对而想自杀，最后被送进精神病院，受到残酷折磨。

16. 英国业余物理学家焦耳（J. P. Joule，1818—1889）也创立能量转化与守恒定律，但受到学术权威的压制，所写论文被拒绝发表。

17. 德国物理学家赫尔姆霍茨（Helmholtz，1821—1894）也独自发现了能量转化和守恒定律，但被认为是剽窃的，受到攻击和非难。

18. 德国物理学家马克斯·普朗克（M. Planck，1858—1947）打破经典物理学原理，创立了量子假说，后因受传统旧理论束缚，又自己否定了量子假说，以至推迟了 15 年才正式提出。

19. 爱因斯坦（A. Einstein，1879—1955）提出了光量子假说，竟

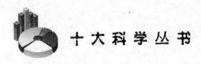

遭到普朗克本人的指责与非难。

20. 爱因斯坦创立相对论物理学，发展了牛顿经典物理学，但遭到了传统经典物理学的强烈反对和攻击，特别是遭到纳粹德国的追杀，被迫逃离德国。

21. 爱因斯坦为了创立统一场论历尽种种磨难，终因各种客观条件不成熟，特别是传统物理学家的攻击和纳粹德国反对者的迫害失败了。

22. 德国物理学家玻恩（M. Born，1882—1970）提出了波函数的“统计解释”，发展了量子力学，他因遭到当时学术权威的反对，而推迟 22 年才获得诺贝尔奖。

23. 英国化学家普利斯特列（J. Prieseley，1733—1804）受传统“燃素说”的影响，已经得到了氧气，但却不承认氧气的存在，终于没有发现氧气。

24. 意大利物理学阿伏伽德罗（A. Avogadoro，1776—1856）提出了分子学说，但却遭到化学界的冷落而得不到承认，被长期摈弃了 50 年之久。

25. 德国有机化学家维勒（F. wohler，1800—1882）首次用无机物合成了有机物——尿素，打破了无机物和有机物的界限，却经受了家庭礼教的束缚和传统观念的阻挠，经历了非常坎坷的研究之路。

26. 瑞典科学家诺贝尔（A. B. Nobel，1833—1896）克服重重非难与攻击，冒着一次次的生命危险，发明了“黄色炸药”，并把自己的钱全部奉献给了科学与人类，设立了“诺贝尔”奖。

27. 法国化学家罗朗（Laurent，1807—1853）创立了“一元学说”，但受到“二元学说”传统理论的反对以及保守派的排斥，终因穷困潦倒，过早夭折了。

28. 俄国化学家门捷列夫发现了“化学元素周期律”却遭到学术

权威的讥讽，被骂为“魔术”，很长时间没有被承认。

29. 英国医生普劳特（W. Prout，1785—1850）创立了“普劳特假说”，即“所有元素的原子量都是氢原子量的整数倍”，但却遭到斯塔等人的反对。

30. 瑞典化学家阿伦纽斯（Arrhenius，1859—1927）创立了电离学说，但受到克列维等人的攻击，被骂是“胡说八道”、“奇谈怪论”，屡屡受挫。

31. 居里夫人（M. S. Curie，1867—1934），克服早年丧母、丈夫早逝，保守派的排挤，社会舆论的下流诽谤的磨难，发现了放射性元素“钋”和“镭”，连续两次荣获诺贝尔奖。

32. 日本化学家福井谦一创立“前线轨道”理论，但却在国内不受重视，最终在美国发表，并获得了诺贝尔奖。

33. 波兰天文学家哥白尼（Copprnicus，1473—1543）创立太阳中心说，却遭到“地心说”理论特别是宗教神学的迫害，致使该理论推迟发表长达36年之久，所写的《天体运行论》一书被列为异端禁书，禁止出版发行。

34. 意大利天文哲学家布鲁诺（Bruno，1600—1648）宣传哥白尼日心说，却被宗教裁判所追捕，被迫逃往国外，最终被活活烧死在罗马的鲜花广场上。

35. 意大利天文学家、物理学家伽利略（Galilei，1564—1642）支持哥白尼日心说，被宗教裁判所终身监禁致死。

36. 中国古代科学家沈括（1031—1095），发明“十二气历”，却遭到保守者的谩骂打击，一直被埋没800多年之久才得到承认。

37. 中国唐代天文学家张遂制造了“黄道游仪”，发明了“大衍历”，却遭到武则天统治者的攻击与追杀，最后被迫出家为僧。

38. 德国哲学家康德（I. Kant，1724—1804）创立了“星云假

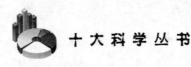

说”，但未被当时的人们所重视，一直被埋没了41年才得到承认与发展。

39. 英国地质学家史密斯（W. Smith，1769—1839）创立了生物地层学，编绘了“英国地层表”，却不被当时的人们所理解，他的成果也被无名小人所窃取了。

40. 德国地球物理学魏格纳（A. L. Wegener，1880—1930）创立了“大陆漂移学说”，却遭到学术权威的反对与攻击，最后因探险考察以身殉职。

41. 荷兰微生物学家列文虎克（A. Leluwen－hoek，1632—1723）最先制造了显微镜，并最早观察、发现了微生物。但不被人理解，反被人嘲弄和歧视，一生多灾多难，生活清贫而死。

42. 法国生物学家拉马克（J. B. Lamarck，1774—1829）第一个提出了进化论，但却遭到宗教支持者的反对，一生贫困，晚年双目失明而死，尸骨被扔进一条沟里，无人问津。

43. 法国微生物学家巴斯德（Z. Pasteur，1822—1895）提出“微生物也有母体”，反对生命自然发生说，提出了免疫学说，先后遭到自然发生论的保守者普歇、奎茵、罗星约尔的反对与攻击，并同他们展开了多次论战。

44. 希腊哲学家阿那克萨哥拉（Anaxagoras，约公元前500—前428）提出人是由动物演变的，被雅典宗教法庭判处死刑，最后虽被免死，但却被驱逐出境。

45. 意大利哲学家瓦尼尼（Lucilio Vanini，1584—1619）认为人类是进化而来的，但被宗教裁判所割去了舌头，并处以火刑致死。

46. 瑞典生物分类学家林奈（C. V. Linne，1707—1778）提出了“人猿同类”的思想，却遭到宗教的反对，他的《自然系统》一书也被列为禁书，被禁止出版发行。

47. 英国博物学家赫胥黎（T. I. Huxley，1825—1895）倡导“人猿同祖论”，遭到宗教反对势力的围攻，展开了著名的“牛津大辩论”，赫胥黎终于战胜了宗教代言人欧文等人，发展了进化论。

48. 奥地利遗传学家孟德尔（G. J. Mendel，1822—1884）创立了遗传定律，却遭到众人的冷遇，被埋没了35年之久，晚年孤苦患病而死。

49. 分子遗传学家艾弗里（O. T. Avery，1877—1955）最先提出“DNA是生物遗传信息的载体”的理论，但却遭到当时人们的怀疑，不被承认，以至到死也没有获得应该获得的诺贝尔奖。

50. 比利时生理学家维萨里（A. Vesalius，1514—1564）从事人体解剖学研究，出版《人体的构造》，批判盖仑学说，被宗教裁判所判处死刑，后被迫去朝圣，死在归途中。

51. 西班牙生理学家塞尔维特（M. Servetus，1511—1553）发现人体血液肺循环理论，被宗教裁判所判处火刑，活活烧死。

52. 美国遗传学家麦克林托克（B. McClintock，1902—1992）发现了可移动的遗传物质“转座子”，被冷落了40年之久，终于获得了诺贝尔奖。

53. 中国汉代医学家华佗（？—208）因不畏权势，而被曹操杀害。

54. 中国古代医学家扁鹊医术高超但却因遭江湖庸医的嫉妒而被阴谋杀害。

55. 中国明代医学家吴又可（1592—1672）撰著《瘟疫论》一书，发展了祖国医学，却遭到当时医学传统理论及其权威人士的反对与攻击。

56. 英国著名医学家爱德华·琴纳（E. Jenner，1749—1823）发明了牛痘接种法，治疗了天花病，但开始却遭到了众多人的围攻与反对。

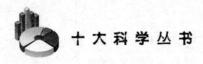

57. 美国青年医生威尔斯（H. Wells，1815—1848）发明了氧化亚氮麻醉剂，却遭到众人的反对与迫害，被赶出医院，关进疯人院，最后自杀身亡，年仅32岁。

58. 匈牙利医师塞麦尔维斯（I. P. Semmelweis，1818—1865）发明了消毒法，消除了产褥病，但却受尽磨难，受到了巨大的精神折磨，被送进精神病院，后来身患败血症致死，年仅47岁。

59. 俄国科学家梅契尼柯夫（1845—1916）克服众人的非议，发现了吞噬细胞，提出了噬菌细胞免疫学说，最后终于在1908年荣获诺贝尔医学生理学奖。

60. 英国医生加罗德（A. E. Garrod，1858—1936）最先研究遗传性疾病，其成果不被承认，以致被延误了32年之久。

61. 美国计划生育运动的开拓者玛格丽特·桑格（M. Sanger，1883—1966），因倡导计划生育运动而多次被捕入狱，受尽磨难。

62. 古希腊哲学家伊壁鸠鲁（Epikouros，公元前341—前270）创立的原子偏斜论学说，被贬低了2000多年。

63. 英国实验科学的前驱者罗吉尔·培根（R. Bacon，约1214—1292）因提倡实验科学，反对宗教神学而被监禁入狱。

64. 法国“科学幻想小说之父”凡尔纳（Jules. Verne，1828—1905）宣传科学思想，反对迷信思想，克服种种困难，撰写了104部科学幻想小说，终于受到世人的承认与称赞。

65. 美国发明家罗伯特·富尔顿（R. Fulton，1765—1815）发明制造了“克莱孟特号”轮船。但在研制过程中却遭到政府的拒绝，被世人骂为“诈骗钱财的骗子”，经受了许多磨难。

66. 英国发明家乔治·斯蒂芬逊（G. Stephenson，1781—1848），经受住种种攻击、讽刺和责难，发明了第一辆机车。

67. 美国发明家莫尔斯（S. F. B. Morse，1791—1872）克服重重困难，发明制造了世界上第一台实用电报机。

68. 苏格兰青年发明家贝尔（A. G. Bell，1849—1922）发明了电话机，但开始却被世人讥讽，制成后也没有获得投资生产，最后经过几经拼搏，终于生产出了电话机。

69. “世界发明大王”爱迪生（T. A. Edison，1847—1931）最初发明了自动定时发报机和自动投票机，但却遭到了世人的嘲笑而被湮没了。

70. 美国青年科学家德福雷斯特（De. Forest）发明了三极管，但却被认为是骗子而受审。

71. 美国发明家罗伯特·戈达德（1882—1945）发明制造了世界上第一枚火箭，但却被世人骂为“疯子”遭到冷遇与迫害而过早地死去了。

72. 中国技术发明家侯德榜（1890—1974）发明制造了“侯氏碱法”造碱技术，但因受帝国主义和国内反动阶级的阻挠与破坏而迟迟得不到推广应用，直到解放后才得到利用。

73. 中国清代治理黄河专家陈潢（1637—1688）带领人民治理黄河、淮河水灾，却遭到封建统治者的反对与迫害，被“解京监候”，积郁成疾，含冤饮恨而死。